中公新書 2578

君塚直隆著

エリザベス女王

史上最長・最強のイギリス君主

中央公論新社刊

まえがき

ここに一枚の写真がある。撮られたのは二〇〇三年五月一日のこと。写っているのは、ともに「エリザベス」という名前のイギリス（イングランド）の女王陛下である。

画面うしろの肖像画に描かれているのが、エリザベス1世（一五三三〜一六〇三、在位一五五八〜一六〇三年）。テューダー王朝（一四八五〜一六〇三年）最後の君主であり、いまだにイギリス国民のあいだで人気が高い。

その手前に写る女性は、エリザベス2世（一九二六〜、在位一九五二年〜）。言わずと知れた現在の女王陛下である。

生没年などからお気づきのとおり、この二人のあいだには四〇〇年ほどの時が流れている。ともにイギリスを生涯にわたり支えてきた二人の女性は、まるで四〇〇年ぶりに邂逅《かいこう》を遂げたかのようにも見える。

この写真は、エリザベス1世の没後四〇〇年を記念して、彼女が生まれたロンドン郊外のグリニッジ宮殿（現国立海事博物館）で催された展覧会の開会式を訪れた、エリザベス2世

2人のエリザベス女王　右に1世，左に2世

を写したひとコマなのである。

しかしこの四〇〇年ほどのあいだで、君主の服装も随分と変わってしまったようである。変わったのは服装だけではない、君主の「力」にしてもそうだ。

肖像画に描かれた1世のほうは、まさに威風堂々たる様子ではないか。絢爛《けんらん》豪華な衣装に、首の周りを飾る「ひだ襟」が、その偉容を増している。さらに身体中を飾る無数の真珠が彼女の財力と権力とを象徴するかのごとくである。この絵は、一五八八年七月に、当時「無敵」と呼ばれたスペイン艦隊をイングランド海軍が打ち破った「アルマダの戦い」での勝利を記念して描かれた肖像画なのだ。

対する2世のほうは、鮮やかなレモンイエローの帽子とコートに身を包んでいるものの、現代の世界では上品なごく普通の上層中産階級のご婦人といった感を否めない。とても先進国の一角を占める大国の主という感じはしない。

とはいえ、見た目だけでだまされてはいけないのが、歴史の醍醐味《だいごみ》でもある。

「アルマダの肖像画」のエリザベス1世が右手で指し示しているのは、スペイン領南アメリカ植民地。スペインがアステカ帝国やインカ帝国を滅ぼして手に入れた土地だ。海戦に勝利した女王は、その勢いに乗ってここもいただくという気概に満ちていたのか。実際には女王は南米を手に入れるどころか、スペインのおこぼれにあずかるようなかたちで、まだ入植されていなかった北アメリカ（現合衆国）につけいる程度しかできなかった。しかもその植民地化まで失敗に終わったのである。

それればかりではない。この肖像画が描かれた直後から、イングランド中が不作に悩まされ、民衆のあいだには栄養失調や飢餓がまん延した。一六世紀末には死亡率は二五％にまで跳ね上がり、穀物価格も急上昇した。さらに女王自身も、莫大《ばくだい》に膨らんだ海外遠征費に堪えかね、ついに破産寸前となった。肖像画に描かれた真珠はすべて売り払われた。

威風堂々に見えるエリザベス1世は、決して「絶対君主」などではなかった。重要な政策はすべて議会や顧問会議に諮って決めていた。時として優柔不断に陥り、彼女が大臣たちの板挟みとなることも珍しくはなかった。

「女王陛下の外交政策はいつも足して二で割るだ！」とは、彼女の寵臣《ちょうしん》のひとりで探検家としても名を馳《は》せた、サー・ウォルター・ローリーの言葉である。

自身の結婚を犠牲にし、弱小国イングランドの独立を守り続けたエリザベス1世女王は、一六〇三年三月二四日に亡くなった。同じ頃にはるか東の果てにある日本では、徳川家康《とくがわいえやす》が征夷大将軍《せいいたいしょうぐん》に任命されている。

もうひとりのエリザベスこと、エリザベス2世は現代のイギリスを生きる女王である。当然のことながら彼女は「立憲君主」である。よく言われるとおり「君臨すれども、統治せず」を体現した存在となる。

しかし彼女の「力」を侮《あなど》ってはいけない。現代の立憲君主とはいえ、エリザベス2世には国家元首としての権限がしっかりと備わっているのだ。

女王は議会の開会式を行い、首相を任命し、彼女の署名なくしては議会制定法も成立しない。外国からの賓客をもてなし、自らも国賓として世界中を飛び回る。女王として君臨した六八年間に、彼女は実に一三〇回も外遊し、一二八ヵ国を公式に訪問している。エリザベス1世が夢にまで見た南米のブラジルやメキシコにも訪れているのである。

さらにエリザベス2世は、「グレート・ブリテン及び北アイルランド連合王国」（イギリスの正式名称）の君主であるばかりではない。カナダやオーストラリア、ニュージーランドなど、世界一六ヵ国の女王陛下なのだ。もちろん一六ヵ国の日々の統治は、それぞれの政府や議会などに託されている。しかし各国の国家元首として女王は「国の顔」なのだ。事実、それぞれの国の紙幣にも彼女の顔が描かれている。

さらに女王が一年の大半を過ごすイギリスでも、議会会期中には毎週一度は首相と会見し、彼女はその時々の政治課題について長時間にわたり話し合っている。

会見の内容は完全に極秘なため、いつどのような議題が出されたのか、ある特定の政策について女王の見解がどのようなものであったのか、などは定かではない。しかし歴代の首相たちが回顧録などで述べているとおり、「この拝謁《はいえつ》が単なる形式的なものだとか、社交上の儀礼に限られていると想像する者がいたら、それは完全に間違い」（マーガレット・サッチャー元首相の言葉）なのである。

いまや歴史上の人物として映画にもよく描かれるウィンストン・チャーチル（一八七四〜一九六五）からボリス・ジョンソン（一九六四〜）にいたるまで、女王には一四人もの首相たちが仕え、七〇年に近い在位のあいだに数々の事件に遭遇した。祖父ジョージ5世（在位一九一〇〜三六年）がかつていみじくも学んだとおり「この国で政治的な経験を長く保てる唯一の政治家」として、女王はイギリスのみならず、一六ヵ国すべての首相たちに助言を与えられる存在となっているのである。

加えて、エリザベス2世は、イギリスが自治領《ドミニオン》やかつてイギリス領植民地だった国々と形成する「コモンウェルス（旧英連邦諸国）」の首長も務める。その加盟国は二〇二〇年現在五三ヵ国を数える。コモンウェルスにおける彼女の役割は、これから本書でも述べていくとおり、決して「お飾り」などではないきわめて重要なものなのである。

本書は、イギリス史上はもとより、現存する君主のなかで最長の在位記録を誇る、このひとりの女王の人生を振り返ることで、第二次世界大戦後の七〇年に及ぶイギリスと世界の歴史をひもといていく物語である。

二〇一〇年代に入り、孫のウィリアム王子やヘンリ（家庭内ではハリー。本書でも主にハリーと記す）王子の結婚、世継ぎの誕生などで、イギリス王室は世界中から相も変わらぬ注目を集めている。国民からの支持率もだいたい八〇％を超え、後継者にも恵まれた王室は順風満帆に見える。

しかし女王と王室のこれまでの道のりは、決して平坦なものではなかった。二〇世紀末には、一時は存亡の危機にさえ陥りそうになったこともある。そのような幾多の試練を乗り越えて、今日のイギリス王室、さらにはイギリスの姿を築き上げたエリザベス2世とはどのような人物なのであろうか。

彼女の人生をたどることは、現代のイギリス人、そして現代に生きるすべての人間自身の世界を振り返ることにもつながるのである。

なお、現代の日本人にとって「エリザベス女王」といえば、ほとんどの方がこの「2世」を思い起こされるものと思われる。したがって本書のタイトルも『エリザベス女王』とさせていただいた。

目次

エリザベス女王——史上最長・最強のイギリス君主

イギリス王室系図

註記：系図内の算用数字は，細字：生没年．太字：在位期間

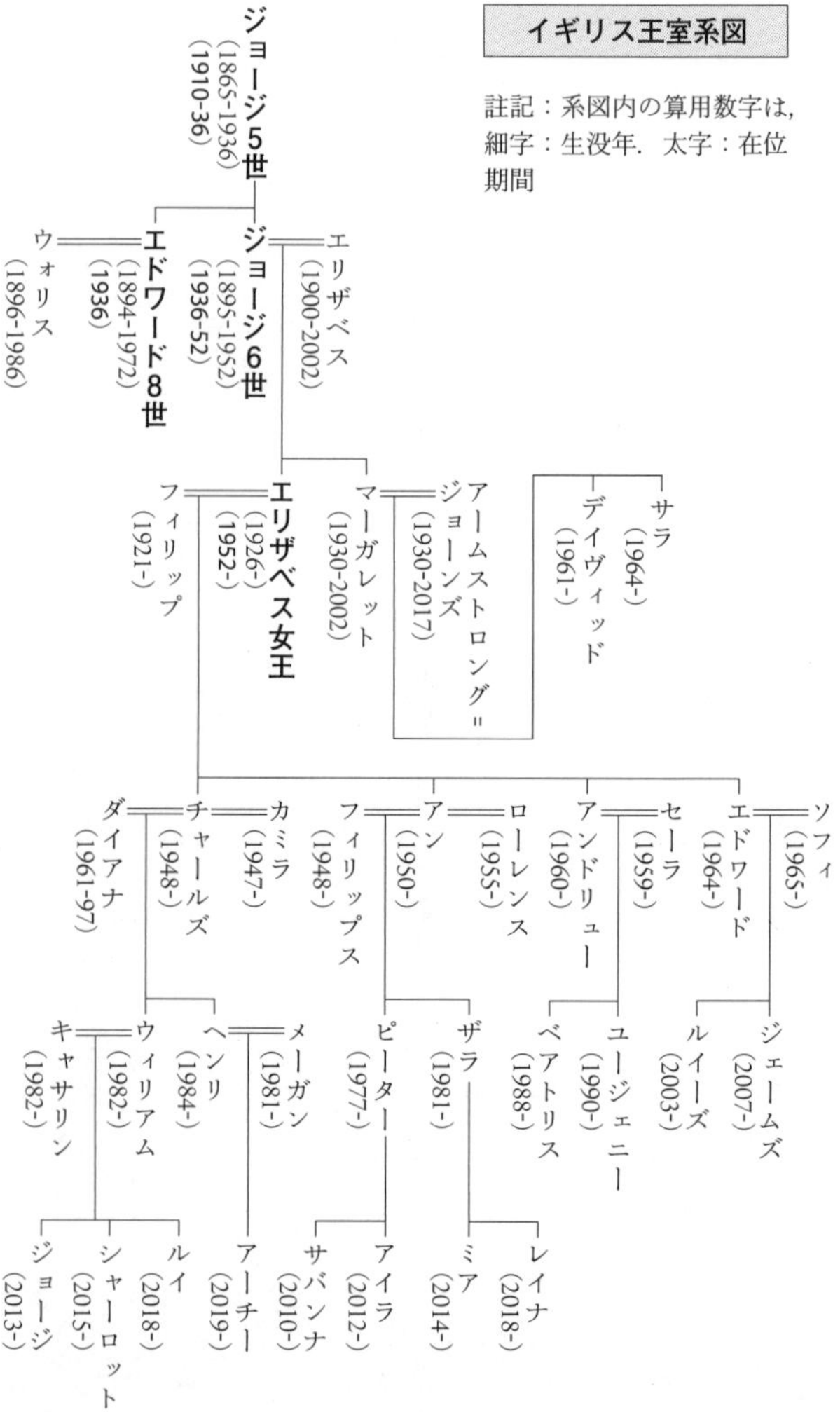
ジョージ5世
(1865-1936)
(1910-36)
エドワード8世
(1894-1972)
(1936)
ウォリス
(1896-1986)
ジョージ6世
(1895-1952)
(1936-52)
エリザベス
(1900-2002)
エリザベス女王
(1926-)
(1952-)
フィリップ
(1921-)
マーガレット
(1930-2002)
アームストロング＝ジョーンズ
(1930-2017)
デイヴィッド
(1961-)
サラ
(1964-)
チャールズ
(1948-)
ダイアナ
(1961-97)
カミラ
(1947-)
アン
(1950-)
フィリップス
(1948-)
ローレンス
(1955-)
アンドリュー
(1960-)
セーラ
(1959-)
エドワード
(1964-)
ソフィ
(1965-)
ウィリアム
(1982-)
キャサリン
(1982-)
ヘンリ
(1984-)
メーガン
(1981-)
ピーター
(1977-)
ザラ
(1981-)
ベアトリス
(1988-)
ユージェニー
(1990-)
ルイーズ
(2003-)
ジェームズ
(2007-)
ジョージ
(2013-)
シャーロット
(2015-)
ルイ
(2018-)
アーチー
(2019-)
サバンナ
(2010-)
アイラ
(2012-)
ミア
(2014-)
レイナ
(2018-)

第Ⅰ章　リリベットの世界大戦——王位継承への道

第一次世界大戦後のイギリス

二〇世紀前半の人類が経験した未曾有《みぞう》の大量殺戮《さつりく》。それが第一次世界大戦（一九一四〜一八年）である。一〇〇〇万人以上の死者を出し、負傷者もあわせれば三〇〇〇万人以上もの犠牲者を生みだしたこの戦争は、それまで世界全体を支配してきた「ヨーロッパの時代」（一九世紀）の終わりを印象づけた大事件でもあった。

一九世紀までの戦争は、極論してしまえば、国民の数％（その多くが貴族や上流階級）が実際の戦闘に関わるものであり、決定的な戦いののちに、これまた貴族や上流階級出身の外交官たちによって講和が結ばれる程度のものであった。

それが皮肉にも、このヨーロッパで発展した科学革命のおかげで、一九世紀の間に破壊兵器の殺傷能力は急激な進歩を遂げてしまったのだ。一九一四年夏に大戦が勃発《ぼっぱつ》すると、将校も兵士たちも「今年のクリスマスには終わるだろう」と楽観的な気持ちで戦場に駆けつけた。しかし彼らを待ち受けていたのは、それまで経験したこともないような機関銃と砲弾の嵐であった。ヨーロッパは「総力戦《トータル・ウォー》」の時代に突入した。

もはや各国が国家総動員態勢であたらなければ、戦争には勝てない時代となっていた。イギリスでもついに史上初めて「徴兵制」を導入することになった（一九一六年）。それまで議会政治のなかでいがみあってきた、自由党、保守党、労働党の三党は「挙国一致体制」でドイツとの戦争に臨んでいく。

それればかりではなかった。「七つの海を支配する大英帝国」とまで言われたイギリスは、もはや単独で戦争に乗り出すには弱すぎた。カナダやオーストラリア、ニュージーランドや南アフリカ、そしてインドなど、帝国を総動員しての大戦争へと突入した。

一九一八年一一月一一日に世界大戦は終結した。イギリス帝国が失った人命は、最新の計算によれば、八八万八二四六人にのぼるとされる。それはカナダ（約五万六〇〇〇人）、オーストラリア（約五万九〇〇〇人）やインド（約六万二〇〇〇人）などの戦死者も含めての数である。翌一九年一一月一一日から、この日は「戦没者追悼記念の日」と定められ、毎年ロンドンの中央部で厳《おごそ》かな式典が執り行われるようになった。

この式典を主催し、「帝国の喪主」の務めを果たしたのが、時のイギリス国王ジョージ5世（在位一九一〇〜三六年）である。きまじめな国王は大戦中、自ら国民の模範になろうと努力した。戦争が続く限り、軍服以外の新調は控えられ、外出も公務に限られた。戦争が終わるまでは、食卓に酒類はいっさい出さず、宮殿での晩餐会《ばんさんかい》であろうと水で済ませた。暖房や照明の使用も最小限に抑えられ、風呂も湯を溜《た》めるのは五～六センチのみ。

さらに大戦中の四年間、国王は文字通り東奔西走の毎日であった。慰問に訪れた連隊の数は四五〇、病院の数は三〇〇、軍需工場や港湾で働く人々への激励の数も同じく三〇〇、そして自ら勲章や記章を胸に着けた人数は五万人を超えていた。国王にとってこの戦争は、まさに国民とともに戦って勝利を得たものであったのだ。

実際に戦闘に参加した王族もいた。国王の次男アルバート王子（家族内ではバーティと呼ばれていた）。大戦勃発時に一八歳だった彼は海軍士官候補生として従軍し、戦艦コリングウッドに乗り込んだ。一九一六年五月にはユトランド半島（デンマーク）沖でドイツ艦隊と遭遇し、激戦の末、九死に一生を得ていた。この海戦でイギリス側は一四隻の船を沈められ、三〇〇〇人以上が戦死した。

このバーティこそが、のちの国王ジョージ6世（在位一九三六～五二年）である。彼は現代イギリスにおいて戦闘経験のある唯一の国王となった。年子の兄で大戦勃発までバーティとともに海軍に属したエドワード王子（家族内ではデイヴィッドと呼ばれていた）は、王位継承者第一位ということで、すぐに「安全な」陸軍近衛歩兵連隊に編入されていた。これがのちの国王エドワード8世（在位一九三六年一～一二月）である。

イギリスに限らず、ヨーロッパ各国で、このデイヴィッド（一八九四年生まれ）やバーティ（九五年生まれ）と同世代の若者たちが、大戦により尊い命を失っていた。彼らは、

「失われた世代《ロスト・ジェネレーション》」とのちに呼ばれた。

大衆民主政治のなかで

大戦後のイギリスは大きく様変わりした。それまでは国を守るのは、地主貴族階級《ジェントルマン》など上層部による「高貴なる者の責務《ノブレス・オブリージュ》」とされていた。それが国家総動員態勢の確立により、国を守るのは老若男女すべての「国民の責務《ナショナル・オブリージュ》」となったのである。

責務を果たすのであれば、権利を与えるのが筋であろう。大戦が終結する直前にイギリス議会を通過した「人民代表法」により、二一歳以上の成人男子のすべてに国政選挙での選挙権が付与された。さらに勤労動員のかたちで「銃後の援護」を果たした三〇歳以上の女性たちにも、初めて国政選挙での選挙権が与えられることになった。

大戦勃発時までは全国に有権者は八〇〇万人ほどしかいなかったが、これが一挙に二一〇〇万人にまで増えたのである。

さらに大戦勃発とともに戦場へ駆けつけた将校や兵士の多くが、地主貴族階級とその子弟で占められていた。一九一四年のわずか四ヵ月（八～一二月）ほどの間だけで、イギリスの地主貴族とその子弟（五〇歳以下の成年男子）の実に一九％が命を落としたとされている。戦後に彼らにのしかかってきた相続税などの煽《あお》りを受け、貴族たちの多くが土地を手放した。それを買い取ったのが「戦争成金」とも呼ばれた商工業階級だった。

いまやイギリスは、それまでの「貴族政治《アリストクラシー》」の時代から、「大衆民主政治《マス・デモクラシー》」の時代へと大きく移り変わっていたのである。

こうしたなかで急激に勢力を拡張したのが社会主義であった。すでに大戦中のロシア革命（一九一七年）により、ロマノフ王朝は倒壊させられていた。さらに総力戦（国家総動員態勢）の影響も受けて、敗戦国では次々と王朝がその責任を取らされ、滅亡に追いやられていた。五〇〇年にわたってヨーロッパに君臨してきたハプスブルク帝国はもとより、大戦時までは飛ぶ鳥を落とす勢いだったドイツ帝国も解体した。そのいずれも、戦後には男女普通選挙権が導入され、社会主義政党が躍進した。

大戦でともに手を携えたロシア皇帝「ニッキー」ことニコライ2世も、敵味方に分かれて戦ったドイツ皇帝「ウィリー」ことヴィルヘルム2世も、「ジョージー」ことジョージ5世にとってはいとこにあたる。ジョージの祖母ヴィクトリア女王（在位一八三七～一九〇一年）が、子どもたちを各国王室との縁組で結びつけたこともあり、ヨーロッパ王室はみな親戚《しんせき》同士だった。第一次世界大戦は別名「いとこたちの戦争」とも呼ばれた。

しかし敗戦とともに、ウィリーはオランダへと亡命し、同地でその生涯を閉じることとなる（一九四一年）。また革命で倒されたニッキーは、社会主義勢力により家族もろとも銃殺されてしまった（一九一八年）。

これより三〇年ほど後、エジプト国王ファルーク1世は次のような言葉を残している。

「この世で最後まで生き残る国王は五人だけだ。トランプの四人の王様とイギリス国王である」。それはすでに第一次世界大戦後の時点で現実と化しつつあったのだ。

とはいえ、唯一大国のなかで生き残った王様ジョージ5世にも試練は待ち受けていた。ヨーロッパ大陸の国々と同様、イギリスでも社会主義運動や労働運動が戦後に活発化した。大戦中に労働組合員の数は、四〇〇万人から八〇〇万人へと倍増していた。しかもその多くが戦後には有権者となっていたのである。彼らの篤《あつ》い支持を受けて、議席を伸ばしていたのが、一九〇六年に設立されたばかりの労働党だった。

大戦後のイギリス議会政治は、保守党、自由党に加え、労働党が勢力を拡張する「三党鼎《てい》立《りつ》」状態となっていった。しかも大戦中の党内分裂により、自由党は大幅に議席を失い、一九二〇年代に保守党と拮抗《きっこう》する勢力を誇るようになっていたのは労働党だった。

そしてついにその労働党が政権を取る日が訪れた。労働党と自由党の共闘により、議会採決に敗れた保守党政権が総辞職を決意し、国王ジョージ5世はここに野党第一党の労働党党首ラムゼイ・マクドナルドを招請し、彼に首相の大命を降下したのである。一九二四年一月二二日のことであった。国王と首相は最初からうち解けた雰囲気のなかで意気投合し、こののち一〇年以上にわたってイギリスの安定のために手を取り合っていく。

しかしその日の晩にジョージ5世がつけた日記には次のように記されていた。「二三年前の今日、愛するおばあちゃまが亡くなった。労働党政権が誕生したと聞いたら、彼女はなんと思ったことだろう」。

大英帝国と貴族政治の黄金時代に君臨したヴィクトリア女王の死から四半世紀も経《た》たないうちに、イギリスも世界も大きく変わっていたのである。

ヨーク公爵夫妻の結婚

このようにイギリスに大衆民主政治が確立されたのと時を同じくして、イギリス王室にも慶事が見られることとなった。大戦にも従軍したバーティこと、アルバート王子（彼は一九二〇年六月にヨーク公爵に叙せられていた）が、華燭《かしょく》の典を挙げることになったのである。お相手はスコットランドの名門貴族で第一三代ストラスモア伯爵の孫にあたるエリザベス・アンジェラ・マルグリート・バウズ＝ライアン。バーティより五つ年下だった。

イギリスの王子が王族（ヨーロッパ大陸も含む）以外の女性と結婚するのは、実に二六三年ぶり（当時の王弟でのちの国王ジェームズ2世以来）のことだった。とはいえ、ストラスモア伯爵家はスコットランドでも名門中の名門であり、ステュアート王朝（スコットランド王家であり、一六〇三年からはイングランド王家も兼ねる）の開祖、ロバート2世（在位一三七一～九〇年）の血を引く一族でもある。

エリザベスは、伯爵の長男でのちの第一四代伯となるグラームズ卿（伯爵家の嫡男が名乗る儀礼上の爵位）の九番目の子にして四女として生まれた。第一次世界大戦中には、伯爵家

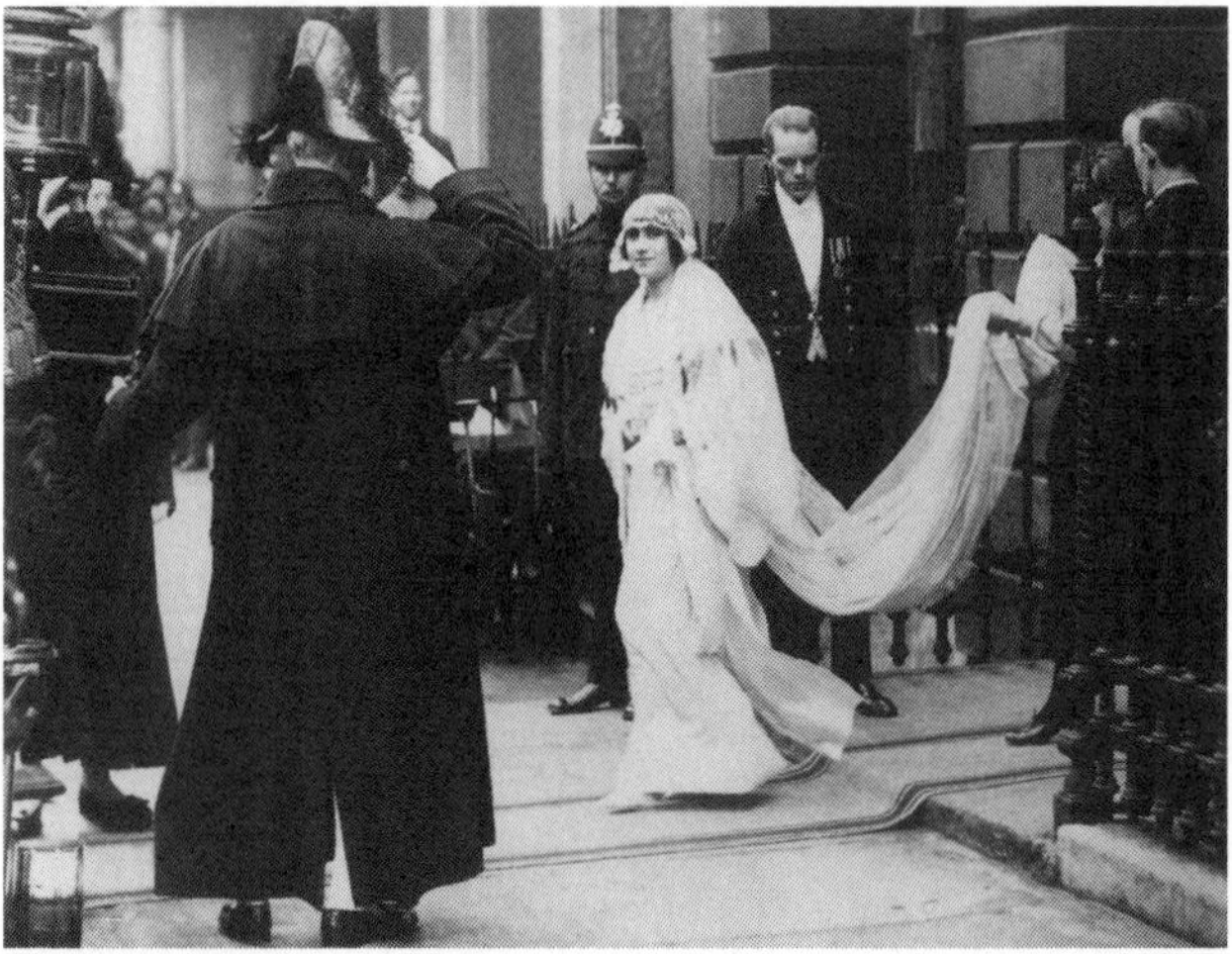

結婚式に向かう母エリザベス，1923年 4 月26日

はその邸宅を傷痍《しょうい》軍人のための病院として開放し、当時まだ一〇代だったエリザベスも看護にあたっていた。その意味で、バーティとエリザベスは「戦友」だったのかもしれない。

バーティの二つ年下の妹メアリとエリザベスが親友だったこともあり、頻繁に会ううちにやがて二人はお互いに惹《ひ》かれるようになった。そして一九二三年四月二六日に、双方の両親が認め合うなか、ここに二人は結婚式を迎えることになった。

場所は王室にゆかりの深いウェストミンスター修道院。実は二人の結婚にも、大衆民主政治の時代を迎えたイギリス王室に特有の「気配り」が見られていたのだ。

そもそも「王室の結婚式《ロイヤル・ウェディング》」は、一般家庭のそれと同様に、これまでは「私事」として執り行われてきた。ヴィクトリア女王はセント・ジェームズ宮殿内の王室礼拝堂で、次代のエドワード7世（在位一九〇一〜一〇年）はウィンザー城内のセント・ジョージ礼拝堂で、そしてバーティの両親ジョージ5世とメアリ王妃はヴィクトリア女王と同じく王室礼拝堂で、それぞれ式を挙げていた。招かれる賓客は各国王族や政界の名士たちだけで、国民が新郎新婦の晴れ姿を見る機会などまったくなかった。

ところがこの慣習を変えたのもまた第一次世界大戦だったのだ。この未曾有の大戦を、「国民とともに乗りきった」と強く感じたジョージ5世は、終戦の翌年の一九一九年二月に結婚予定であった従妹《いとこ》のパトリシア王女（父エドワード7世の弟アーサーの次女）の結婚式を、ウェストミンスター修道院で大々的に執り行わせて、馬車で修道院を行き来する際に沿道で見守る国民からも祝福を受けさせたのである。

さらに自身の長女メアリが結婚した際（一九二二年二月）にも、同じくウェストミンスター修道院で式を挙げさせ、宮殿と修道院を行き来する新郎新婦は一般市民から拍手喝采を浴びることとなった。

「国民からの支持があっての王室」という観念は、いまや国王をはじめすべての王族たちから共有されるようになっていた。新たなる「ロイヤル・ウェディング」のありかたはまさにそれを象徴していたと言えよう。

こうしてバーティとエリザベスの結婚式も、ウェストミンスター修道院で大々的に執り行われることになった。バーティは、イギリス空軍将校の制服に身を包み、イングランド最高位のガーター勲章の青い大綬章《サッシュ》と星章《スター》、スコットランド最高位のシッスル勲章の星章を佩用《はいよう》して、式に臨んだ。彼は一九一八年に新設された空軍に編入され、イギリス王室で初めてパイロットの資格を獲得していた。

花嫁のエリザベスは、象牙色《アイヴォリー》のドレスにレース、そしてメアリ王妃から借用したフランドル織の見事な裾《すそ》で修道院に現れた。

そして第一次世界大戦後の「ロイヤル・ウェディング」に定着した、ウェストミンスター修道院という「舞台装置」とともに、ここに新たに加わったもうひとつの装置。それが新郎新婦が宮殿に戻った後に国民の前に姿を現す、バッキンガム宮殿のバルコニーとなった。二人は、それぞれの両親、さらに式にも列席したアレキサンドラ皇太后（エドワード7世妃）らと、バルコニーから宮殿前に集まった大勢の群衆に向かってにこやかに手を振った。

リリベットの誕生

こうして華燭の典も無事に終えて、ヨーク公爵夫妻となったバーティとエリザベスは、早速に国内外での公務に忙殺されていく。特に兄に次いで王位継承者第二位であるバーティは、自らの宮廷を構えるとともに重責を担わされていった。一九二五年には、ロンドン郊外のウェンブリーで開催された帝国博覧会の総裁に就任し、つつがなくこれを終了させた。しかし

両親であるヨーク公夫妻とエリザベス王女，1927年6月

このときに、これ以後生涯にわたって彼を悩ませる事態に直面する。

　もともと極度のあがり症で、緊張すると吃音《きつおん》に悩まされていたバーティである。開会式ではうまく演説できたが、閉会式では惨憺《さんたん》たる結果に終わった。翌二六年一〇月に、ロンドンのハーリー街に言語療法士のライオネル・ローグを訪ね、以後は彼の助けを借りながら、数々の演説もこなしていく（これは映画『英国王のスピーチ』に描かれている）。

　一九二五年秋に帝国博覧会が大成功のうちに幕を閉じた頃、エリザベスの体調に変化が訪れた。懐妊したのである。バーティはもちろん、国王夫妻も大喜びした。その後も夫を助けながら様々な公務を担い続けたエリザベスであったが、ついに翌二六年春には、バートン街一七番地に両親が有するロンドンの邸宅に移り、ここで少々難産ではあったが、元気な女の子を出産する。一九二六年四月二一日午前二時四〇分のことであった。

その日の午後には、ウィンザーにいた国王夫妻もロンドンに駆けつけた。すでに人々もこの慶事を知っており、沿道では国王夫妻に拍手喝采を送り続けていた。赤ん坊に対面した夫妻は目を細めた。メアリ王妃はその日の日記にこう綴《つづ》った。「赤ちゃんは血色もよく、美しい金髪の可愛《かわい》い子だった」。

それから六日後の四月二七日、バーティとエリザベスは二人で相談して、赤ん坊に名前を付けた。「エリザベス・アレキサンドラ・メアリ」。母親自身の名前に加え、この前年の一九二五年一一月に急逝した曽祖母アレキサンドラ皇太后、そして祖母メアリ王妃からそれぞれ名前をもらったのである。国王夫妻もすぐさま了承した。

ここに、こののち一世紀近くにわたってイギリスを支え続けていく、ひとりの女性が正式にこの世に登場したのである。彼女は家族内で「リリベット」と呼ばれることになった。

危機の時代の立憲君主制

ところが王室の慶事とは裏腹に、当時のイギリス経済はどん底の状態にあった。一九二五年に政府は金本位制に復帰するが、これにより逆に輸出競争力が弱まり、産業界は打撃を受けた。特にイギリス最大の産業だった石炭業界は年来の不況の煽りも受けて、賃金削減や解雇に踏みきり、炭坑夫の生活水準は低下した。

ヨーク公爵夫妻に女子が誕生した一九二六年四月、政府は鉱業界への補助金増額を拒絶し、五月二日には労働組合会議（TUC）との交渉も打ち切られた。この翌日から九日間（五月三～一二日）にわたって、イギリスは史上最大のゼネストに突入する。最終的にはストは穏便なかたちで行われ、政府や警察との武力衝突にまでは発展しなかった。この後「一九二六年のゼネスト」は、イギリス労働運動の「始まりの年」とされ、労働組合運動の団結や忠誠を煽る合い言葉となっていった。

ゼネストが穏便に終わった直後の五月二九日、バッキンガム宮殿礼拝堂ではリリベットの洗礼式が厳かに執り行われた。

しかし生まれたばかりのリリベットが両親に甘えていられる時間などなかった。この翌年、ヨーク公爵夫妻は大英帝国の自治領《ドミニオン》であるオーストラリア、ニュージーランド、さらに植民地のフィジーを歴訪した。もちろん幼いリリベットをイギリスに残してである。リリベットは、かつて公爵夫人（エリザベス）自身の乳母《ナニー》でもあった、「アラー」こと、クララ・ナイトに託されていた。アラーはこの後、しばらくリリベットの乳母を務めていく。

ゼネスト終了後も、イギリス経済は暗澹《あんたん》たるものだった。そこに追い討ちがかけられた。一九二九年一〇月に、いまやイギリスに代わり世界経済の中心地となっていたアメリカのニューヨーク（ウォール街）で株価が大暴落したのである。それはそのまま、世界恐慌へと発展する。

アメリカでの株価大暴落と時を同じくして、ヨーク公爵夫人エリザベスは再び妊娠した。翌年の夏、彼女は両親がスコットランドに持つグラームズ城にほど近いエアリ城で二人目の女の子を出産する（一九三〇年八月二一日）。この子には「マーガレット・ローズ」という名前が付けられた。ここに両親と二人姉妹という、こののちイギリス王室にお馴染《なじ》みとなっていくヨーク公爵家の四人家族が勢揃《せいぞろ》いすることとなった。

他方でイギリスの経済状況はますます悪化の一途をたどっていた。マクドナルド首班の労働党政権は、赤字財政を再建するために、断腸の思いで失業手当の減額に踏み切ろうとした。しかしこれには党内からも強い反発が見られた。党内で信頼を失ったマクドナルドは、一九三一年八月に内閣の総辞職を決意した。

ここで動いたのが国王ジョージ5世であった。いまは党内対立はおろか、保守党だ労働党だと言っていられる余裕などない。国民からも信頼の篤いマクドナルドを首班とする、挙国一致政権を樹立すべきである。国王は保守党と自由党からも代表を招き、慎重に相談した結果、ここに挙国一致政権を作らせた。ただしすでに党首の座にはなかったマクドナルドを首相に担いだ政権である。国王は政権首脳らに早期の解散・総選挙を約束させた。

そして政権発足から二ヵ月後の、一九三一年一〇月に議会は解散され、総選挙が実施された。挙国一致政権側は、庶民院の議席（全六一五）の実に九〇％に相当する五五四議席を獲得して、国民からの圧倒的な支持を集めたのである。

ジョージ5世はかつて兄の急死（一八九二年）により、突然王位継承者となった。その直後に自らの立場を考えて補導役とともに『イギリス憲政論』を熱心に読んだ。この一九世紀イギリスを代表する思想家のウォルター・バジョットによる書では、「君主は諸政党から離れており、それゆえ彼の助言がきちんと受け入れられるだけの公正な立場を保証してくれている。彼はこの国で政治的な経験を長く保てる唯一の政治家なのである」と指摘する。ジョージ5世はこの立憲君主の理想像をまさに体現してみせたのである。

また総選挙から二ヵ月後の一九三一年一二月には、ロンドンで「ウェストミンスター憲章」も制定された。国王の祖母ヴィクトリアの時代とは異なり、第一次世界大戦での協力を経た後、かつての「大英帝国《エンパイア》」は「英連邦諸国《コモンウェルス》」へと改編されることになった。

それまではイギリス本国、白人移民植民地、非白人系の植民地という具合に、ピラミッド構造が形成され、底辺部（植民地）は最上層部（本国）にとって収奪の場となる明確な上下関係が見られていた。しかし、白人移民植民地がカナダ（一八六七年）を嚆矢《こうし》に「自治領《ドミニオン》」となり、イギリス本国とこれら自治領は対等の関係と見なされるようになっていった。

ウェストミンスター憲章により、英連邦諸国はさらなる協力関係を強め、世界恐慌に対応するためにも、帝国内特恵関税制度を導入して、ともに手と手を取り合って一致団結していくことになった。翌三二年七月には、カナダのオタワで帝国経済会議が開かれ、ここに特恵関税が成立する。帝国から連邦へという動きは、かつてバーティが総裁を務めた博覧会（一九二五年）でもすでに見られていたが、一九三〇年代に入りさらに各国の連携が強化されたのである。

リリベットへの教育

そのような頃、バーティとエリザベスがウィンザー城近くで二人の娘と生活していたロイヤル・ロッジに、ひとりの若い女性が訪ねてきた。彼女はまだ二三歳で、マリオン・クロフォードといった。スコットランド東岸の町ダンファームリンで育った彼女は、エリザベスの姉ローズ（第四代グランヴィル伯爵夫人）の家でガヴァネス（女性家庭教師）を務めることになっていた。

ところが事態が急変し依頼主が変わった。ヨーク公爵家で長女リリベットのガヴァネスに就くことになったのである。一九三二年春から「クロフィ」と呼ばれることになる彼女が、このちリリベットの教育から人生相談までありとあらゆることを請け負っていく。それはリリベットが結婚する前日（一九四七年一一月）まで、一五年にも及ぶ二人の関係の始まりでもあった。当時、エリザベス王女（リリベット）はまだ六歳だった。

イギリス王室には、いまだ女子には普通の高校や大学に通って勉学に勤《いそ》しむという慣習がなく、国王の次男の家であろうと、日本でいう小学校～高等学校ぐらいの教育はすべて家庭

リリベットの1週間のスケジュール，10歳頃

<table>
<tr><th></th><th>月</th><th>火</th><th>水</th><th>木</th><th>金</th><th>土</th></tr>
<tr><td>9時半</td><td>聖書</td><td>算数</td><td>算数</td><td>算数</td><td>算数</td><td rowspan="3">1週間のおさらいと読書</td></tr>
<tr><td>10時</td><td>歴史</td><td>文法</td><td>地理</td><td>歴史</td><td>作文</td></tr>
<tr><td>10時半</td><td>文法</td><td>歴史</td><td>文学</td><td>詩</td><td>歴史</td></tr>
<tr><td>11時</td><td colspan="5">11時の休憩（オレンジジュース）と
ハミルトン・ガーデンズでゲーム</td><td rowspan="2">11時～12時20分
乗馬</td></tr>
<tr><td>12時</td><td colspan="5">30分間は黙読，30分間はクロフィが読み聞かせ</td></tr>
<tr><td>13時15分</td><td colspan="6">昼食</td></tr>
<tr><td>昼食後</td><td>ダンスまたはメアリ王妃とのお勉強</td><td>お歌の教室・お散歩・外でのお茶</td><td>絵画教室</td><td>音楽教室</td><td>ロイヤル・ロッジでの自由時間</td><td>両親と庭園もしくは公園</td></tr>
</table>

出典：Marion Crawford, *The Little Princesses*, p.55を基に著者作成

内でガヴァネスに任されていたのである。

ヨーク公爵家が主に生活していたロイヤル・ロッジは、ロンドンから四〇キロほど離れた閑静な場所にあり、自然にも恵まれていた。クロフィがまず驚いたのは、リリベットが誕生時にウェールズの住民たちからプレゼントされた「小さなお家」という、本物そっくりに精巧に作られた小型の家だった。屋根は定期的にウェールズから屋根葺《ふ》き職人が来て修繕するという凝りようだった。窓ガラスもはめられ、室内には電灯やラジオまで備えられていた。本棚にはウェールズ語の『ピーター・ラビットの物語』まで納められ、家具も食器もすべて本物である。

幼いリリベットは、使用人たちが掃除をしたり、家具を磨いたり、銀器を新聞紙に包んだりする様子を見よう見まねに実践して、この家で「家事」を学んでいたのである。

クロフィとの勉強は朝九時半から始まり（上掲表

を参照）、時には馬丁について乗馬の練習にも勤しんだ。このの後一生涯にわたって続く、リリベットと馬との深い関係はすでに六歳の頃から始まっていた。クロフィによれば、リリベットはＩＱも高く、物覚えのいい子だった。ロンドンにはピカデリー一四五番地にヨーク公爵邸があり、時折ここでも一家は生活した。四つ年下の妹マーガレットはしばらく乳母に預けられたが、ロンドンにいるときはクロフィが二人と地下鉄や二階建てバスにも乗って、市内を散策した。

ジョージ５世の死

リリベットを誰よりも可愛がっていたのが、大英帝国の当主ジョージ５世であった。彼はウィンザー城にいるときは、メアリ王妃とともにロイヤル・ロッジに午後のお茶を飲みに来ては、リリベットと語らった。謹厳実直を絵に描いたようなジョージ５世は、家族内でも近寄りがたい存在であったが、リリベットはこの祖父をまったく怖がることがなかった。このため国王にとっても彼女はまさに「特別な存在」だったのだ。

しかしリリベットにとってやがて悲しみの極みの時が訪れた。彼女が九歳だった、一九三六年一月にジョージ５世が崩御《ほうぎょ》したのである。享年七〇。父エドワード７世の時代から王室がクリスマスや年始を過ごすようになっていた、イングランド東部のノーフォーク州にあるサンドリンガム・ハウスで息を引き取った。遺体はすぐにロンドンに運ばれて、国会議事堂

祖父ジョージ5世，祖母メアリ王妃とエリザベス王女，1934年6月

のすぐ隣に位置するウェストミンスター・ホールで正装安置された。

イギリス国民から「国父」として敬愛されたジョージ5世のことである。この正装安置には、一〇〇万人に近い人々が訪れ、その列の長さは最大時に三キロにも達したと言われている。多くの人々が目に涙を浮かべながら、この「国父」に最後の別れを告げた。

リリベットもマーガレットとともに、この最愛の祖父の正装安置を見に行った。街には人が溢《あふ》れかえっていたにもかかわらず、みな黙りこくり、静寂がこの大都ロンドンを支配しているかのようであった。棺《ひつぎ》の四方は、亡き国王の四人の息子たちがうつむきながらに守っていた。もちろん父の姿もあったが、リリベットの印象に残ったのが伯父であった。

「デイヴィッド伯父さんがいたの。全然動かなかったのよ。瞬《まばた》きひとつしないの。素晴らしかったわ。部屋にいる誰も彼もが黙っていて。まるで王が眠っているかのようだったの」。リリベットがクロフィに語った正装安置の印象だった。

やがて棺は、葬儀が営まれるウィンザー城内のセント・ジョージ礼拝堂に列車で運ぶため、パディントン駅へと移送されることになった。棺を取り囲む軍隊が、ヘンデル作曲のオラトリオ（宗教的題材に基づく劇音楽）『サウル』の葬送行進曲に合わせて、厳かに街中を行進した。そのほんの一瞬だけ、リリベットの脳裏には「死」の持つ真の意味がよぎったのではないかと、彼女の様子を見ていたクロフィは回想している。

こうして老王の死とともに、イギリスのひとつの時代が終わったのである。

「王冠を賭けた恋」と家族の運命

最愛の祖父ジョージ5世の御代を引き継いだのは、リリベットが「デイヴィッド伯父さん」とこれまた慕っていた、エドワード8世だった。伯父さんはなにより格好よかった。父のヨーク公爵は、ジョージ5世譲りのクラシックな服装を好んでいたのに対し、皇太子デイヴィッドは最新流行のジャケットにズボン、帽子にアクセサリーと、時代を先取りしているかのような服装で、幼い姪《めい》たちの前に毎回颯爽《さっそう》と現れた。

しかし亡き祖父ジョージ5世は、晩年には明らかにこの後継者に幻滅を感じていた。「デイヴィッドがこのまま結婚もせず、世継ぎも残さずに、バーティとリリベットに王位が継承されることを望むよ」とは、そのジョージ5世の言葉である。大英帝国の御曹司にいったいなにがあったのか。

バーティよりひとつ年上のデイヴィッドは、謹厳実直な父や弟とは違って、子どもの頃から羽目を外したがる性格だった。第一次世界大戦が終結した後、彼は「未来の国王」として、戦争に協力してくれた英連邦諸国を順次廻《まわ》っていった。一九一九年にはカナダを、二〇年にはオセアニアを、そして二一年にはインドをそれぞれ訪問した。

しかし次から次へと押し寄せる公務の波に、デイヴィッドは「もう気がふれてしまいそうだ」と側近に洩《も》らす。彼を支える側近はひとり消え、またひとり消えと、国王になる頃には心から信頼できるものが周囲にはいなかった。これがあだとなった。

姪のリリベットに限らず、多くの女性たちを魅了したデイヴィッドは「魅惑の王子《プリンス・チャーミング》」と呼ばれ、ロンドンでもニューヨークでも社交界の華だった。数々の女性たちと浮き名を流していったが、やがて彼が真剣に愛することになる女性が登場する。

アメリカ生まれのウォリス・シンプソン。アメリカで結婚した後に、夫の家庭内暴力もあって離婚し、イギリスへ渡ってきてデイヴィッドの友人と結婚した、彼より二つ年下の女性である。いつしか二人は不倫の関係で結ばれていた。やがて「噂《うわさ》」は父王の耳にも入るようになった。死の床で老国王は見舞いに訪れた首相にこう呟《つぶや》いた。「あの坊やは、私が死んだ後一二ヵ月以内に、身を破滅させることになるだろう」。

一九三六年一月、エドワード8世として大英帝国の当主となったデイヴィッドは、大衆か

ら も絶大な人気を博していた。それはまさに大衆民主政治の時代の君主にふさわしいかとも思われた。しかしやがて彼は、亡き父王からと同様、彼が愛したその大衆からも愛想を尽かされてしまうのである。

たしかにデイヴィッドは弱者の味方だったかもしれない。窮状著しいウェールズの炭坑街を廻り「何かがなされなければならない!」と述べ、これが大々的に報道された。しかしこの国王の言葉は、政府の経済政策が「生ぬるい」という意味で解釈され、国王と政府が失業対策や景気の回復をめぐって対立しているかのような印象を人々に与えてしまった。

先にもジョージ5世を例に示したとおり、立憲君主の極意は、政府の日々の政策に介入せず、公正中立の立場から判断ができることにある。たとえ心のなかで政府の政策に批判的な見解を抱いていたとしても、それを公に述べるのは許されない。この事例ひとつをとってみても、デイヴィッドは「無責任な」君主にすぎなかった。

そして「究極の無責任」ともいうべき態度が、世に言う「王冠を賭《か》けた恋」である。

国王に即位するや、当然のことながら独身のデイヴィッドには、結婚と世継ぎを残す問題が降りかかってきた。ウォリスとの仲については、政界・マスメディアなどごくほんの一部にしか知られておらず、マスメディアも政府との「紳士協定」でしばらくは公表を差し控えた。時のスタンリ・ボールドウィン首相や閣僚、政界上層部やイングランド国教会幹部、そしてなによりメアリ皇太后を筆頭とする王族も、ウォリスとの結婚には反対だった。

この頃からデイヴィッドは、たびたびバーティのもとをウォリスと一緒に訪ねるようになった。ある週末、突然二人がロイヤル・ロッジに訪ねてきた。エリザベスはクロフィに「子どもたちを森に連れて行ってちょうだい」と頼んだ。「クロフィ、あの人だれ?」と不安そうに尋ねるリリベットの手を取り、クロフィはマーガレットとともに外出した。

一二月一日、ついにマスメディアとの紳士協定も期限切れとなり、新聞はいっせいに「ウォリス」について報道した。「離婚歴」「不倫」「アメリカ人」いずれをとっても国民の大半が国王との結婚に反対だった。ついにボールドウィン首相が国王に迫った。「王冠を取るのか、ウォリスを取るのか」。国王が下した結論は「ウォリス」だった。

「私たちの人生が大きく変わってしまう」とエリザベスは泣き崩れた。二人の姉妹にはクロフィの口から顚末《てんまつ》が告げられた。これからすぐにでもバッキンガム宮殿に引っ越さなければならない。「なんですって! それって永久にという意味?」とリリベットは驚愕《きょうがく》した。「やっと『ヨーク』という綴りを覚え始めたっていうのに」とマーガレット。

一九三六年一二月一一日午後一時五二分、バーティは「ジョージ6世」に正式に即位した。その日の朝「ヨーク公爵」だった父を送りだした姉妹は、帰宅した「国王陛下」に丁重にお辞儀をしなければならなかった。このあたりは幼い頃から、お茶に訪れる祖父母（国王夫妻）にしっかりお辞儀をしていたので慣れたものではあったが、こののち一家四人を待ち受けている運命を思えば決して楽天的にはなれなかった。

ここにリリベットは、世界の陸地面積の四分の一近くを占める自治領と植民地からなる大英帝国の王位継承者第一位の人物となってしまったのである。しかもまだ一〇歳という身で。すべてはデイヴィッド伯父さんの「無責任」な態度に原因があったが、死の間際に祖父ジョージ5世が残した予言はいみじくも的中したのである。

ジョージ6世の登場

ウィンザーのロイヤル・ロッジに慣れていたヨーク公爵一家にとって、バッキンガム宮殿は巨大すぎた。自分の部屋から中庭に出るまでに長い廊下をつたって五分もかかった。宮殿内には専用の郵便局があり、宮内長官事務局、国王手許金《てもときん》会計官事務局、国王秘書官事務局など、宮廷を運営する各部署の間の連絡を担っていた。

リリベットもマーガレットも、これまでのように自由に両親に会えるわけではなかった。なにせ大臣や各国大使や政財界のお偉方がひっきりなしに謁見《えっけん》に訪れてくる。子どもたちが両親と一緒にいられるのは午後一時一五分からの昼食時ぐらいだった。しかもそれは、両親が宮殿にいればの話である。

国王夫妻ともなれば、これまで以上に全国を巡幸《じゅんこう》しなければならない。さらに夕刻には、様々なレセプションや晩餐会、プレミアショーなどにも出席する。ロイヤル・ロッジで生活していた頃は、ヨーク公爵夫妻はできるだけ夕刻の外出は避け、一家団欒《だんらん》を大切にしたものであった。

　バッキンガム宮殿に移り住んだ頃、六歳になっていたマーガレットは乳母の手を離れ、リリベットとともにクロフィの授業に出席するようになった。リリベットのほうはこれまでの勉学に加え、宮殿内の馬術学校で本格的に馬術を学んでいくこととなった。

　二人の父ジョージ6世にも「勉強」があった。これまでの「ヨーク公爵」に換え、「ジョージ6世」という署名に早く慣れないといけない。王子・王弟時代とは異なり、国王のもとに届けられる書類の数は桁《けた》違いに多いのだ。特に「議会政治の母国」イギリスでは、議会会期中に両院を通過した法案は、法律となる最後の仕上げとして「国王による裁可《ロイヤル・アセント》」を仰がなければならない。

　クロフィはある日の午後、国王が書斎で一生懸命この新しい署名の練習に勤しんでいる姿を見て感動を覚えたという。

　そして国王がさらなる準備を積み重ねなければならなかったのは、翌年春に控えていた世紀の戴冠式《たいかんしき》だった。もともとはエドワード8世のために用意されていた戴冠式である。日程は当初の予定どおり、一九三七年五月一二日と決められた。

　戴冠式当日。午前一〇時一九分に、リリベットとマーガレットは馬車でウェストミンスター修道院へと向かった。何十万という群衆が沿道で二人に歓声を上げながら手を振ってくれた。二人はこの日のために特注されたローブと冠を身につけて出席した。修道院では、テューダー王朝の王ヘンリ8世（在位一五〇九〜四七年）の四番目の妻アンのお墓のすぐ上に設《しつら》えられた特別席で、祖母であるメアリ皇太后と叔母メアリにはさまれて父の戴冠式をじっと見守った。自分自身もやがてこの日を迎えるかもしれない。リリベットの胸中にあるいはそのような思いがよぎったのかもしれない。

厳かな雰囲気に包まれ、戴冠式はつつがなく終了した。宮殿に戻った国王一家は、バルコニーで群衆からの歓呼に応じ続けた。まさに王室と国民が一体になった瞬間であった。それは祖父ジョージ5世が、国民とともに戦い抜いた第一次世界大戦での勝利の祝賀を彷彿《ほうふつ》とさせるようなひとときでもあった。

しかしこのときは誰もが予想していなかったかもしれない。それからわずか二年後に、王室と国民とが再び手と手を取り合って新たなる敵と戦わなければならなくなる運命を。

リリベットの修業開始

戴冠式も終わり、夏になると国王一家はスコットランド北部にあるバルモラル城で束《つか》の間の休暇を楽しんだ。一九世紀半ばにヴィクトリア女王の夫君アルバート公によって設計された城である。これ以後王室が主には夏の間に静養しつつ、執務も行う居城となった。リリベットもこの城をこよなく愛した。

戴冠式の翌年、一九三八年に一二歳を迎えたリリベットは人生初の舞踏会に出席した。ジ

ジョージ6世一家，1936年12月　エリザベス王妃とエリザベス（左から2人目），マーガレット（右）の2人の王女

ョージ6世は彼女が持つ生まれながらの気品を誇りに思っており、自らの継承者として期待をかけていた。やがて彼女は両親とともに園遊会にも出席するようになり、人々への挨拶《あいさつ》の仕方や、見ず知らずの人間と初めて接する方法など、見よう見まねに学習していくこととなる。そして社交界へのデビューだけではなく、「未来の女王」として心得ておかねばならない知識も身につけなければなるまい。

一九三九年四月に一三歳（中学生の年齢）に達したリリベットは、パブリックスクール（高級私立学校）の代表格であるイートン校で副理事長を務めていたヘンリ・マーティンのもとで、イギリスの国制史を学ぶことになった。先述したが（17頁）、かつて祖父ジョージ5世も、王位継承の道が現実となってから、ケンブリッジで国制史を教えるタナー博士とバジョットの『イギリス憲政論』をテキストに「立憲君主とはどうあるべきか」をみっちり学んだ。リリベットもたくさんの本が床一面にうずたかく積まれたマーティンの書斎で、君主として将来あるべき姿を思い描いていったのだ。

リリベットがマーティン先生と国制史を学び始めた頃、ジョージ6世はやはり自らが王を務める「帝国の長女」とも呼ばれた自治領カナダをエリザベス王妃とともに訪れていた。さらに当時のフランクリン・デラノ・ローズヴェルト大統領の招きを受け、夫妻はアメリカ合衆国にも公式訪問した。独立後のアメリカをイギリス国王が訪問したのは初めてである。首都ワシントンでは七〇万人の人々から大歓迎を受けた。当時の街の人口の二倍にあたる。夫妻は毎日のように海の向こうにいる娘たちに手紙を送った。ニューヨーク郊外にある大統領の私邸では、国王夫妻は人生初めてのホットドッグも味わった。

当時の英米関係は実は最悪だった。ナチス・ドイツの台頭にイギリスは宥和《ゆうわ》政策（ドイツの要求をある程度受け入れてなだめすかす方策）で対応し、これをアメリカが強く非難していた。対するイギリスも、第一次世界大戦後には自国に引きこもって、ヨーロッパの安全保障に力を貸してくれないアメリカに腹立たしい思いをしていた。

国王夫妻の訪米はそんな両国の険悪な関係に風穴を開けるものであった。のちに日米開戦（一九四一年）後のクリスマスの晩餐会をホワイトハウスで催した大統領は、その日の主賓であるイギリスのウィンストン・チャーチル首相にこう述べた。「この戦争の後にも続くであろう英語両国民の合体を実現した端緒《たんしょ》こそが、国王夫妻によるアメリカ訪問でありました」。政府や外交官による「ハードの政治外交」同士がぶつかり合うときに、王室が示してくれる「ソフトの政治外交」の威力が存分に発揮された瞬間であった。

両親からの絵はがきや手紙を見ながら、リリベットはいつか自分もアメリカに渡りたいと強く思うようになっていた。

二度目の世界大戦へ

国王夫妻によるアメリカ訪問からわずか三ヵ月後、ヨーロッパでは風雲急を告げる事態が生じていた。ネヴィル・チェンバレン首相が進めた宥和政策に乗じるかたちで、アドルフ・ヒトラー率いるナチス・ドイツは、第一次世界大戦での敗戦で失った領土を次々と取り戻していた。国王も当時はチェンバレンの政策を支持し、宮殿で彼と慎重に相談しながら、国際情勢について検討はしていた。

しかしクロフィは、チェンバレン首相が宮殿に来るときはいつも子どもたちに会わせないようにしていた。別に彼が進める宥和政策に反対していたからではない。彼が人前で口に指を突っ込んで爪《つめ》をかじる癖があるのを「子どもたちの手前よくない」と感じていた、彼女の教育的配慮からだった。

一九三九年九月一日、ドイツ軍がポーランドに侵攻を開始した。ポーランドの安全を保障していたイギリスとフランスは、三日にドイツに宣戦布告する。第二次世界大戦の勃発である。国王一家のバルモラル行きは、こうした状況もあり、この夏は少し遅れたが、大戦勃発によって国王夫妻はロンドンへと戻り、親子はしばらく離ればなれとなった。

バルモラル城に残ったリリベットは、国制史の勉強を続けながら、定期的にイートンのマーティンにレポートを郵送していた。しかし秋が深まってくると、スコットランド北部にあるバルモラルもめっきり冷え込んでくる。当時は城内にセントラルヒーティングなどなかった。例年は年末年始には、家族揃ってイングランド東部ノーフォーク州のサンドリンガム・ハウスで過ごすのが慣例であるが、今年はどうなるのか。

一二月一八日、エリザベス王妃から一本の電話が入った。今年もクリスマスはサンドリンガムで過ごすことに決まった。のちの世に「奇妙な戦争《フォニーウォー》」と呼ばれることになるが、このとき英独はお互いに宣戦布告しながら、まだ一戦も交えていなかったのである。両国ともに十分な軍備が整っていなかった。このためしばらくは本格的な戦闘もないであろうし、大陸からほど近いノーフォーク州にも敵機はまだ来ないだろう。

年末年始を家族水入らずで過ごした国王一家であったが、一九四〇年二月から国王夫妻は再びロンドンに、娘たちはロイヤル・ロッジへと戻っていった。四月に入ると、ドイツ軍はデンマークとノルウェーに侵攻を開始した。五月にはオランダ、ベルギー、ルクセンブルク、そしてフランスへと攻め込んできた。これらすべてがナチスの軍門に降《くだ》った。

ロンドンには各国の王侯たちが次々と亡命してきた。オランダのウィルヘルミナ女王、ノルウェーのホーコン7世国王、ルクセンブルクのシャルロット大公。ジョージ6世夫妻は彼らの面倒も懇切にみていった。これらの君主たちは、英国放送協会（BBC）のラジオを通じて故国の市民に演説し、ナチスの横暴に決して屈してはいけないと励ました。

バッキンガム宮殿はこれらヨーロッパの王侯たちの世話もあって、つねにごった返していた。ロンドンでは洗濯屋に勤める青年たちも兵役に就いており、人手不足が続き、宮殿では枕カバーもシーツもいつも足りなかった。しかし国王夫妻は、かつてのジョージ5世さながら、質素倹約をむねとし、国民とともに耐え忍んだ。

ラジオの時代の女王

国王夫妻がロンドンから離れられなくなると、リリベットとマーガレットはウィンザー城で生活するようになった。空襲警報が鳴るや、姉妹は使用人たちと一緒に地下の防空壕《ぼうくうごう》に避難した。そこは中世には地下牢《ろう》だったところである。

国王夫妻は、可能な限りは週末にウィンザー城を訪ね、二人の娘の安否を気遣った。金曜の午後五時のお茶の時間にあわせてやってきてくれる両親を待ちこがれる娘たちだった。しかし日曜の晩には夫妻は再びロンドンに戻っていく。そのようなときにリリベットを慰めてくれたのが、大好きなコーギー犬種のジェーンだった。

やがてリリベットも大役を仰せつかることになった。ヨーロッパの王侯たちさながら、彼女もBBCのラジオ放送に出演することになったのである。一九四〇年一〇月一三日の「子どもの時間」だった。ここでリリベットはイギリス全土の子どもたちに訴えた。

私たちは勇敢な海陸空の兵士たちを助け、戦争という危険で悲しい出来事を耐え忍ばなければなりません。皆さんもそうだと思いますが、私たちは最後にはうまくいくことを知っています。なぜなら神様が私たちに勝利と平和を与えてくださるからです。そして平和が到来した暁には、今日の子どもたちのすべてが、明日の世界をよりよい幸せなものに作り上げていくことを忘れないでください。

この放送は子どもたちだけではなく、おとなにも大きな反響を呼んだ。疎開先で放送を聞いたメアリ皇太后は、クロフィに手紙を寄越《よこ》してきた。「王女の放送は素晴らしいもので、感動のあまり涙してしまいました。本当に自然でありのままの姿で」。

七三歳の祖母メアリは、リリベットの成長ぶりに感激していたのであろうが、これよりもう少し冷徹に彼女のラジオ放送を聴いていた人物がいた。宥和政策の責任を取って辞任したチェンバレンの後任となっていた、チャーチル首相の私設秘書官ジョン・コルヴィルである。

彼はチャーチルの長女ダイアナと一緒にラジオを聴いていた。

「王女はいかにも浅薄で感傷的な話をされたので当惑した」と、コルヴィルはその日の日記に記している。しかし続けて彼はこう綴った。「しかしそのお声は大変印象的で、もし君主制が今後も続くのであれば、エリザベス2世はラジオの時代の女王として大成功を収めるに違いない」。

王室とラジオの関係は、これより八年前の一九三二年のクリスマスに始まっていた。この日、ジョージ5世は帝国全土に向けてBBCのラジオを通じ「クリスマス・メッセージ」を発信したのである。これ以後、王室はラジオという最新の機器を利用し、国民との関係をさらに深めていった。

そしてこのコルヴィルこそが、のちにリリベットが結婚し、自らの宮廷を構えるときに秘書官として支えてくれる人物なのである。

リリベットの入隊と終戦

リリベットに課せられた大役はこればかりではなかった。一五歳を過ぎると、まず彼女は近衛歩兵第一連隊の連隊長に任命される（一九四二年）。ついで一八歳の誕生日を迎えた一九四四年四月二一日、リリベットはついに国事行為臨時代行のひとりに任じられた。国王が海外を訪問するなどの不在時に、外国大使からの信任状を受け取り、大臣らと謁見を行うとい

入隊後のエリザベス，1945年　補助地方義勇軍の下位司令官として，自動車運送訓練センターの視察

った国事行為を代理で行う役職である。この当時は、エリザベス王妃や国王の弟ヘンリ王子（グロウスタ公爵）、そして妹のメアリ王女などが就いていた。

さらに一九四五年二月に、リリベットはイギリス陸軍が組織する婦人部隊「補助地方義勇軍（ATS）」に入隊することになった。士官候補生番号230873「エリザベス・アレキサンドラ・メアリ准大尉」の誕生である。彼女の主な任務は軍用トラックで物資を運送することであった。このときに大型自動車の整備や修理などを習得することになる。

同じ頃、黒海北部のクリミア半島の最南端ヤルタでは、来るべき敗戦後のドイツの戦後処理問題やソ連の対日参戦などをめぐり、アメリカ（ローズヴェルト）・イギリス（チャーチル）・ソ連（ヨシフ・スターリン）の三巨頭会談が開かれていた。すでにヨーロッパではドイツが東西から連合軍側に包囲され、風前の灯火《ともしび》という状況であった。さらに遠く太平洋では、

バッキンガム宮殿のバルコニーから手を振る王室一家とチャーチル首相，1945年5月8日のヨーロッパ戦勝記念日　チャーチルを中央に左からエリザベス王女，エリザベス王妃，ジョージ6世，マーガレット王女

かつてイギリス領マラヤを陥落させた日本軍がやはり追いつめられていた。

ついにリリベットと家族が待ち望んだ日が訪れた。一九四五年五月八日にドイツ軍が降伏したのである。バッキンガム宮殿のバルコニーには、国王夫妻とリリベット、マーガレットが「大戦の英雄」チャーチル首相を囲んで現れた。宮殿前には二〇万人以上の群衆が詰めかけていた。老若男女を問わずみな歓喜に沸《わ》いていた。

五年前に首相に就任したとき、チャーチルは国王夫妻から嫌われていた存在だった。彼は「王冠を賭けた恋」の一件でも、終始デイヴィッドの肩を持ち、事態を紛糾させた張本人だったからだ。国王が支持するチェンバレン政権の宥和政策を、議会の内外で批判する姿も国王には不愉快だった。

しかしチャーチルがその類《たぐ》い稀《まれ》なる指導力によって、劣勢だったイギリスや連合軍側を勝利に導くにつれて、彼は国王夫妻にとってかけがえのない「戦友」になっていた。国王夫妻はこのチャーチルや国民とともにつかんだ勝利を噛《か》み締めた。この日、一時間ごとに計六回もバルコニーに姿を現した国王一家は、幸せの頂点にあった。

そして「父バーティ」の許しを得て、リリベットとマーガレットはその生涯でただ一度だけの外出許可を取りつけた。国王付きの侍従武官ピーター・タウンゼンド空軍大佐や、親戚など四人のお付きだけを伴わせて、姉妹は勝利に沸くロンドンを練り歩いた。

「本当に何もかも素晴らしかったわ。みんな見ず知らずの他人の帽子を投げ飛ばしていたの。私たちもやったわ！　こんなに素晴らしい夕べを過ごしたことはないわ」。帰宅後にマーガレットはクロフィに興奮しながらこう語った。リリベットとマーガレットの姉妹にとっても、生涯で唯一自由に過ごせた一夜だったのかもしれない。

大いなる家族への奉仕

ドイツ降伏の三ヵ月後、一九四五年八月に日本も降伏した。六年にわたって続いた第二次世界大戦もここに終結した。この六年間を最初から最後まで戦い通したのは、イギリス一国だけである。それだけイギリスの負担は大きかった。経済はどん底の状態にあり、ドイツ軍による空爆でロンドンも地方都市も大きな打撃を受けていた。戦争の初期には、バッキンガム宮殿も国会議事堂も一部破壊されていた。

日本が降伏するまでの間に実施された総選挙（七月開票）では、イギリス国民は「戦争での勝利」を高々と掲げたチャーチル率いる保守党ではなく、「ゆりかごから墓場まで」の戦後の社会福祉政策を提唱するクレメント・アトリー率いる労働党に政権を託した。

戦時中は我慢していたリリベットも、戦後になってようやく婦人用品の新調を許されることになった。とはいえイギリス全体が物資の窮乏に悩んでいた。王室でさえ同様だった。リリベットとマーガレットは、アメリカ国民から届けられるナイロン製のストッキングや食べ物の缶詰に大いに助けられていた。

一九四五年一一月一一日、第二次世界大戦後最初の戦没者追悼記念日に、リリベットはホワイトホールの慰霊碑に花輪を捧《ささ》げた。

大戦後の混乱がひと段落済むと、第一次世界大戦後と同様に、イギリス王室はこぞって戦争に協力してくれた「戦友（連合国）」への返礼の旅に出かけることになった。とはいえ、経済的にもゆとりのない終戦直後にあっては、まずは近場から出かけるしかない。

一九四七年春、国王一家は四人揃って南アフリカ連邦への船旅に出かける。そのさなかの四月二一日、リリベットは二一歳の誕生日を迎えた。ケープタウンからラジオを通じて、イギリスはもとより、世界中に拡《ひろ》がる自治領や植民地の人々に次のように誓った。

エリザベス王女のラジオでのスピーチ，1947年４月21日　コモンウェルスの人々に自らの強い意思を語りかけた

> 私の人生は、それが長いものになろうが短いものになろうが、私たち皆が属する帝国という大いなる家族への奉仕に捧げられることをここに宣言いたします。しかしあなたがたすべてが協力してくれない限り、それは実現できません。ですから皆さん是非とも協力してください。私はあなたがたの支えが尽きることがないと確信しております。

この言葉は生涯、彼女が守り抜く誓いとなった。南アフリカでは、家族全員が大歓迎を受けた。リリベットとマーガレットにとってそれは、初めての海外訪問の旅でもあった。そして南アフリカからの帰国後、リリベットには生涯最大の喜びが待ち受けていた。

フィリップとの出会い

国王一家が南アフリカから帰国してすぐの一九四七年七月九日、「エリザベス王女婚約」の一報が世界を駆けめぐった。

お相手は若き海軍大尉フィリップ・マウントバッテン。父はギリシャ王子アンドレアスで、当時の国王パウロス1世はフィリップの従兄《いとこ》にあたった。母アリスはヴィクトリア女王の次女アリスの孫であり、彼女の父親はドイツ貴族バッテンベルク（マウントバッテンのドイツ語）家からイギリスへ帰化していた。それゆえフィリップも、リリベットと同じく、ヴィクトリア女王の血を引く家柄ではあった。

二人が初めて出会ったのは、婚約からさかのぼること八年前の一九三九年七月二二日のことだった。場所はイングランド南西部にあるダートマスの海軍兵学校。国王ジョージ6世も同校の出身である。一家四人でここを訪れ、附属礼拝堂での聖餐式に出席する予定であったが、生徒が流感に罹《かか》って礼拝が突如中止となり、四人は校長の官舎に移動した。

ここで王女たちの接待役として選ばれたのが、士官候補生のフィリップだった。長身でハンサムな彼はすぐにリリベットの関心を惹いた。翌二三日に、フィリップは他の候補生らとともに国王の昼食に招かれ、リリベットと親しく話した。

食事が終わり、いよいよ国王一家が王室ヨットで帰る時間となった。寂しげにヨットから後ろを見つめるリリベット。すると何艘《そう》かの手漕《てこ》ぎボートが後ろからついてきた。すぐさま校長が注意し、ほとんどのボートが引き返した。それでも黙々と漕いでくるボートが一艘だけあった。漕いでいるのはなんとフィリップではないか。

「バカな若造だ。あのままだと強制的に引き戻されるぞ」。国王は呆《あき》れながら呟いた。フィリップ自身もそれを悟ったのか、やがて諦《あきら》めて岸へと戻っていった。このときからリリベットはこの五つ年上の士官候補生に強い興味を抱くことになった。

二人が頻繁に会うようになったのは、戦争中の一九四三年のことである。フィリップがたびたびリリベットのもとを訪れ、会えないときはひっきりなしに手紙を交換した。しかし二人の関係は前途多難だった。翌四四年四月にリリベットが一八歳に達すると、ギリシャ国王がジョージ6世にフィリップとの結婚を促してきた。ジョージ6世は「まだ若い」とこれを突っぱねた。しかしそれ以上に二人の結婚に反対したのがエリザベス王妃だった。

ドイツとの戦争中にあっては、ドイツの血を濃く引いているフィリップ（彼の血筋の実に八分の七がドイツ系だった）ではリリベットにふさわしくない。王妃としてはイギリスの由緒ある公爵かその長子あたりと結婚させたかったのである。さらにフィリップの背後に、彼の叔父（母アリスの弟）にあたるルイス・マウントバッテン卿の姿がちらつくのも国王夫妻には不安であった。

フィリップと同じく海軍将校で、東南アジア地域連合軍（ＳＥＡＣ）総司令官を務めていた彼は、野心家としても有名だった。そもそもが一九三九年七月に王女たちの接待役としてフィリップを「ねじ込ませた」のも、このマウントバッテンであると考えられた。

とはいえリリベットはフィリップにぞっこんだった。ヨーロッパ戦線が終わった後に、フィリップは遠く太平洋で勤務していた。一九四五年九月二日、フィリップは東京湾沖で駆逐艦ウェルプに乗船し、アメリカの戦艦ミズーリで日本政府代表が降伏文書に調印する歴史的な場面に遭遇したのである。

戦後初のロイヤル・ウェディング

それから一年後の一九四六年秋、フィリップはバルモラル城に招待された。その滞在は一ヵ月にも及ぶ長いものだった。この間にフィリップはリリベットに求婚《プロポーズ》し、彼女もこれを受け入れた。あとは父王が許してくれるかどうかだった。

すでに翌一九四七年四月から、国王一家は南アフリカを訪れることに決まっており、国王の決断はその後とされた。三ヵ月間もフィリップに会えないことにリリベットは悲しんだが、公務とあっては仕方がない。毎日のように彼女はフィリップに手紙を送った。リリベットの愛に父王も納得した。一家が帰国後の七月八日にフィリップとの結婚が許され、翌日に二人の婚約が発表されたのである。リリベットの薬指にはフィリップから贈られたダイヤの婚約指輪がきらりと光っていた。

結婚の日取りは一一月二〇日と決められた。場所はいまや王室の結婚式では「定番」となったウェストミンスター修道院。それまでの間に、招待客の名簿作りや当日の段取り、街頭

結婚式後のフィリップとエリザベス王女（中央２人），1947年11月20日　バッキンガム宮殿のバルコニーから群衆に手を振る

の飾りつけ、ありとあらゆる準備をしなければならないのである。イギリス国民全体にとって、それは長く続いた暗い戦争の記憶を払拭《ふっしょく》させてくれる、一大イベントだった。

何より大切なのは花嫁衣装《ウェディング・ドレス》である。とはいえリリベットも王室も「特別扱い」だけは避けたかった。ジョージ5世の時代の第一次世界大戦と同様に、ジョージ6世と王室とは今次の大戦でも国民と苦難を共にし、勝利をつかんだのである。その国民がいまだ経済的に苦しい時期に、王室だけ豪奢《ごうしゃ》な結婚式を挙げるのはどうか。街では人々が配給券《クーポン》を手に、長蛇の列に並び、食糧も燃料も衣服も手に入れていたご時世である。

リリベットのウェディング・ドレスも、一般国民と同様に、配給券によって手に入れた絹やレースで仕上げられることになった。それを知った多くの国民は自分の配給券を王室に送ってきた。しかしリリベットは丁重なお断りの手紙とともに、これを返送していった。他人に配給券を渡すのは法律で禁じられていたのだ。しかしリリベットはこうした国民の善意には感謝の気持ちでいっぱいであった。

当時のイギリス政府は、新婚の花嫁には予備の配給券を支給するという「粋《いき》な計らい」をしていたため、リリベットもそれを活用することにしたのだ。数年前からリリベットのお気に入りのデザイナーとなっていたノーマン・ハートネルにより、象牙色《アイヴォリー》の絹の地に真珠でヨーク家の白バラの図柄が鏤《ちりば》められた、美しいドレスが七週間で完成された。

そしていよいよ一一月二〇日の当日を迎えた。バッキンガム宮殿とウェストミンスター修道院の間を結ぶ沿道には、朝早くから大勢の市民が陣取り、花嫁が来るのを今か今かと待ちわびていた。まさに国中がお祭り気分だった。やがて二一歳の美しき花嫁が馬車に乗って現れると、至る所で歓声が上がった。

修道院には二五〇〇人の紳士淑女が待ち受けていた。イングランド国教会最高位の聖職者であるカンタベリー大主教ジェフリ・フィッシャーの司式により、ここにリリベットとフィリップは正式に結ばれたのである。当初はフィリップとの結婚にあれだけ反対していたエリザベス王妃も、娘の晴れ姿に目に涙を浮かべていた。

リリベットの新たなる宮廷

結婚式の翌日、フィリップは国王から「エディンバラ公爵」「メリオネス伯爵」「グリニッジ男爵」というイギリスの爵位を授与された。いずれも王室にゆかりのあるスコットランド、ウェールズ、イングランドの地名を冠したものである。「連合王国」であるイギリスの王室では、結婚などで自らの宮廷を構える男性王族にそれぞれの地名を冠した爵位が与えられる慣習がある。

リリベットは、父王の戴冠により正式に王位継承者第一位となった一一歳のとき（一九三七年）から、王室費（当時は四一万ポンド）から六〇〇〇ポンドの歳費を受け取っていた。このたびの結婚を機に、それは五倍の三万ポンドとされた。彼女自身もフィリップと一緒に新たなる「宮廷」を構えることになったのである。両親とは別個に、独自に園遊会や晩餐会などを催すようになった。

結婚と同時に、リリベットの宮廷にも会計官がつけられるようになり、陸軍中将サー・フレデリック・ブラウニングが任命された。気さくな人柄で、リリベット夫妻とも気が合った。彼の妻は『レベッカ』『鳥』（いずれものちにアルフレッド・ヒッチコック監督で映画化され大ヒットする）などの原作者、ダフニ・デュ・モーリエである。

王女秘書官には、かつてリリベットのラジオ演説を聴き、彼女が「ラジオの時代の女王」になると予見していたジョン・コルヴィルが仕えることになった。彼はもともとは外務省の役人であったが、首相私設秘書官に任じられ、チェンバレン、チャーチル、アトリーという三代の首相に仕えた。ただし一九四五年一〇月からは古巣の外務省に戻り、南欧局に勤務していたのだが、一九四七年春に二一歳を迎えたエリザベス王女付きの秘書官に抜擢《ばってき》されたのである。

あまりにも意外な人選にコルヴィル自身が躊躇《ちゅうちょ》するなか、彼の背中を押してくれたのがかつての上司チャーチルだった。二年間の出向という約束で、ここにリリベットにとって最初の秘書官が誕生した。コルヴィルは主に王女の通信の整理とスケジュール管理を担当した。ここで彼は将来の花嫁に出会うこととなる。王女の女官だったエリザベス・エジャートン。二人は一九四八年一〇月に結婚する。

パリを征服したリリベット

新たなる宮廷を立ち上げると同時に、リリベットのご用繁多《はんた》な公務も早速に開始された。まずは父王の名代としての海外への公式訪問である。

元来が身体の弱かったバーティことジョージ6世は、戦争中にかなりのストレスも抱えながら、ようやく平和の時代をつかんだが、体力の衰えは日増しに目立つようになっていた。一九四七年の南アフリカ訪問から帰国した国王は、出発前に比べて七キロも体重が落ちていた。翌四八年には右足のけいれんに悩まされるようになった。医師からも国王は休養を強く迫られた。動脈硬化症からくる脱疽《だっそ》の危険性があったのだ。

一九四九年三月に、国王は右足の手術を受け無事に成功する。しかしこの間は、海外への訪問などもってのほかという状態が続いた。

ここに登場したのが「次代の君主」リリベットである。一九四八年五月、結婚してから最初の外遊地となったのは、花の都パリであった。第二次世界大戦では、一度はナチスに降伏したフランスであるが、ロンドンに亡命したシャルル・ド・ゴール将軍の「自由フランス」を支援した英米の協力の下、一九四四年八月にはパリも解放され、戦後は第四共和政が新たに始まっていた。この大戦の盟友との絆《きずな》をさらに強めるのが今回の目的である。

ところがここに大問題が発生した。一九四八年春にリリベットの懐妊が判明したのである。王女の身を案じて、訪仏は延期すべきではないかとの声も高まった。しかしリリベットは「訪問を計画してくれた人々を失望させたくない」と、予定通りの訪仏を断行した。

五月にパリを訪れたリリベットとフィリップは各地で大歓迎を受けた。フランスの新聞各紙も「美しき王女《ラ・ベル・プランセス》」と一面にいっせいに写真を掲げて報道し、パリ中が熱気に包まれた。「イギリスがフランスに派遣した史上最高の親善大使《ジャン》」と持ち上げる新聞まであった。

ここで大統領から市民にいたるまで、パリっ子たちを魅了したのが、王女が話す完璧《かんぺき》なフランス語だった。リリベットは幼い頃からフランス人の家庭教師について、フランス語を徹底的に学んでいたのである。パリ・モード界の最高峰クリスチャン・ディオールも王女の素晴らしさに惹きつけられたひとりであった。

パリの中央部に建つエトワール凱旋門《がいせんもん》下の無名戦士の墓に花輪を捧げたリリベットは、オープンカーでシャンゼリゼ大通りを行進し、人々から拍手喝采を浴びた。いつも辛口のコルヴィル秘書官でさえ「興奮の四日間、エリザベス王女はパリを征服した！」と、その日記に記したほどであった。

こうして、リリベットにとって初の夫妻での海外訪問は大成功のうちに幕を閉じた。

チャールズの誕生

パリからロンドンへと戻ってきたリリベットを次に待ち受けていたのは、今度は人生初の大事業「出産」であった。

パリで大忙しの公務をこなしていたにもかかわらず、王女の体調は順調であった。一九四八年一一月一四日の午後九時一四分、リリベットはバッキンガム宮殿で最初の子を出産する。元気な男の子だった。宮殿の周りには、三〇〇〇人以上もの市民たちが集まっていたが、「王子誕生」の報にさらに盛り上がりを見せた。彼らは夜通し乱痴気騒ぎに明け暮れた。あまりにもうるさいので、ついに警察が乗り出し、「母子の安静のためにも少しは静かにしなさい！」とメガホンで注意を促すほどであった。

それから一ヵ月後の一二月一五日、バッキンガム宮殿の「金と銀の音楽の間」で王子の洗

チャールズ王子の洗礼式後，1948年12月15日　ジョージ6世夫妻とエリザベス王女夫妻

礼式が行われた。リリベットの結婚式を執り行ってくれたフィッシャー大主教の手で洗礼を施された赤ん坊には、「チャールズ・フィリップ・アーサー・ジョージ」という名前が付けられた。家族内では以後「チャールズ」の名で呼ばれることになる。イギリスに「チャールズ」という名の君主の世継ぎが誕生したのは、一六三〇年五月（のちの国王チャールズ2世）以来、実に三〇〇年ぶりのことであった。

初めて「祖父」「祖母」となった国王夫妻も、元気なチャールズに目を細めていた。

この翌年から、いまだ海軍に勤めていたフィリップは地中海に浮かぶマルタ島（当時はイギリス領）での勤務が増え、ここで数ヵ月妻や子たちと生活した。この頃がリリベットにとっても家族団欒で過ごせる束の間の時だったのかもしれない。

この間に、リリベットは再び妊娠し、一九五〇年八月一五日に今度は女の子を出産する。アン王女の誕生である。こうして四人家族となったリリベットは、幸せな家庭を築く一方、再び公務の世界へと引き戻されていくのである。

「王女はすべてのアメリカ市民の心をつかんでしまいましたよ」

一九四九年三月に右足の手術に成功したジョージ6世であったが、二年後の五一年五月に今度は胸に痛みを覚えるようになった。X線による検査の結果、左肺に影が発見された。肺がんだった。事態は極秘のうちに伏せられ、九月には宮殿で手術が執り行われたが、術後の容態はあまりよくなかった。

病身の父王に代わり、リリベットが翌月に向かった先が「帝国の長女」カナダであった。そして一〇月三一日に、リリベットとフィリップの姿はアメリカ合衆国の首都ワシントンの空港にあった。一二年前の一九三九年六月に両親が降り立ったこの土地に、リリベットは念願の訪問を果たしたのだ。空港には第三三代大統領ハリー・S・トルーマンが直々に出迎えに訪れていた。

「世界中のすべての自由を愛する人間が、アメリカという国に愛と希望を抱いています」とリリベットは第一声を発した。当時は、第二次世界大戦後の世界を二分しての「米ソ冷戦」が始まったばかりの時代である。英米両国は手を携えて、共産主義勢力に対抗していた。二五歳の若き王女は、六七歳の老獪《ろうかい》な大統領と肩を並べ、車でワシントン市内に向かった。

当時、ホワイトハウスは改築中であったため、王女夫妻の宿泊先は大統領の迎賓館ブレアハウスとなった。その日の夕刻には、早速にブレアハウスで大統領主催の晩餐会が催された。こののちアメリカの主要各紙は、連日のように王女の動向を写真入りで紹介した。駐米イギリス大使のサー・オリヴァー・フランクスは本国にこう報告している。「大統領は、まるでご自慢の姪っ子を友人たちに紹介しているかのような印象を受けました」。トルーマン大統領自身も、一一月二日の『ワシントン・イヴニング・ニュース』からの取材にこう答えていた。「私が少年だったとき、よく妖精《ようせい》の王女さまの物語を読んだものだ。ところが本物がここにいるんだからね」。

二泊三日に及んだリリベット夫妻のワシントン滞在はあっという間にすぎてしまった。お礼を言うために夫妻はホワイトハウスに大統領を表敬訪問した。ここで王女は父王からのプレゼント（一八世紀イギリス製の燭台《しょくだい》）を大統領に手渡した。プレゼントに感激しながら大統領はこうお礼を述べた。「われわれはいままで多くの傑出したお客様をここに迎えてきましたが、これほどまでに素晴らしい若いカップルは初めてです。しかもお二人は、われわれすべての心を完全に虜《とりこ》にしてしまったのですから」。

後日、トルーマン大統領はこのプレゼントへの礼状のなかで、ジョージ6世にこう伝えている。「王女はすべてのアメリカ市民の心をつかんでしまいましたよ」。これには病身の国王も大喜びだった。何よりも身体に効く薬となったのかもしれない。

リリベットは、フィリップとともに、確実に次代のイギリス王室を背負えるだけの存在となりつつあった。しかしこのアメリカ訪問からわずか三ヵ月後に、この若き夫妻の運命を大きく変えてしまう出来事が起ころうとは、誰もが予想だにしていなかったのである。

第Ⅱ章　老大国の若き女王——25歳での即位

ケニアで聞いた訃報

リリベットがフィリップとともにカナダとアメリカを歴訪していた一九五一年一〇月、イギリスでは総選挙が行われ、保守党が勝利を収めた。「大戦の英雄」チャーチルが再び首相に復帰した。とはいえ、大戦中に獅子奮迅《ししふんじん》の活躍を見せたチャーチルも、翌月の誕生日で満七七歳を迎えようとしていた。ところがその高齢のチャーチルに健康を心配されていた人物がいた。首相より二〇歳以上も若い、ほかならぬ国王ジョージ6世である。

本来であれば自身の足で王妃とともにカナダもアメリカも訪れて、大戦中の協力に感謝したかったところであるが、当時の健康状態ではそれも果たせなかった。次に訪問すべきはオセアニアとなろうが、このたびも自身の継承者エリザベス王女夫妻に託すことにした。

一九五二年一月二九日、サンドリンガム・ハウスで静養中だった国王はロンドンに戻り、医師から許可を得て、翌三〇日の晩は家族でミュージカル『南太平洋』を鑑賞した。さらに翌日の三一日、国王の姿はヒースロー空港にあった。オセアニアへと旅立つリリベット夫妻の見送りに訪れたのである。国王が娘の見送りに来ることなど「異例」だった。先のカナダ訪問の際にもそのような光景は見られなかった。

リリベット夫妻がまず降り立った先は、イギリス領東アフリカ。現在のケニアである。この「野生の王国」でしばらくくつろいでから、オセアニアへと向かう予定であった。

ところがそのさなかの二月五日、サンドリンガムに戻った国王は、就寝中に息を引き取った。翌朝七時半に寝室に入った侍従が発見したのである。このことはすぐに国王秘書官補エドワード・フォードからチャーチル首相に伝えられた。

「首相、悪い知らせです。国王陛下が今朝お亡くなりになりました」。首相はすかさずこう叫んだ。「悪い知らせ《バッド・ニュース》だって？　最悪《ザ・ワースト》じゃないか！」。老首相はしばし茫然《ぼうぜん》とし、涙を流しながら、古き良き「戦友」の死を悲しんだ。しかしぐずぐずしてもいられない。首相はすぐさま臨時閣議を召集し、今後の対応を協議することになった。

エリザベス2世の即位

国王崩御の知らせは、ラジオ放送を聴いていた王女秘書官マーティン・チャータリスがたまたま受信していた。チャータリスは一九五〇年初頭に外務省へと戻ったコルヴィルに代わり、エリザベス王女の秘書官を務めていた。自らも幼少時に父を亡くした経験のある彼は、すぐに機転を利かせて、フィリップ付きの秘書官マイケル・パーカーに訃報を伝え、フィリップからリリベットに伝えてもらうことにした。

フィリップは王女を庭へと連れ出した。悲しい知らせを聞いたリリベットは涙を流したが、すぐに毅然《きぜん》とした態度に戻った。部屋に帰った夫妻をチャータリスが訪ねると「王女は凛《りん》とした姿勢で椅子に座り、涙もなかった。お顔は少々紅潮しているように見えたが、ご自分の運命を十分に悟っておいでのようだった」。

チャータリスは「どのお名前で即位されますか」と王女に尋ねた。君主は自身の洗礼名から王名を選ぶことができる。「もちろん、エリザベスです」と王女は即座に答えた。ここにウィンザー王朝四代目の君主、「エリザベス2世」が誕生した。

ケニアから七〇〇〇キロ以上も彼方のイギリスでは、午前一〇時四五分にいっせいに国王の崩御が報じられていた。大戦が終結してまだ六年半ほどしか経っていなかったのに、自分たちとともに国を守った国王がわずか五六年で生涯を閉じてしまうとは。国民の多くが予想だにもしていなかった。国中が暗い空気に包まれていった。

チャータリスの手配ですぐに「女王」の帰国の支度が調《ととの》えられた。オセアニア訪問はもちろん中止され、翌二月七日にはエリザベスの姿はヒースロー空港にあった。王女として旅立った彼女は、ここに女王として帰国したのである。滑走路には、黒塗りの大型公用車が数多く駐《と》まっていた。「ご覧なさい、まるで霊柩車《れいきゅうしゃ》のようだわ」。飛行機の窓からこの光景を眺めていたエリザベスは、思わず女官のひとりにこう呟いた。

タラップを降りると、チャーチル首相やアトリー労働党党首らこの国を支え続けてきた重臣たちが勢揃いして、「女王陛下」をうやうやしく出迎えた。

すぐに女王は「王位継承宣言」を発した。「わが愛する父の突然の死にともない、私はここに君主としての義務と責任を負うために呼ばれました。父を失った悲しみは計り知れないものがあります。私は、父がその治世を通じてそうであったように、これから仕事に邁進《まいしん》します。全世界に拡がる私の民の幸福と繁栄のために」。

宣言が済むと女王はサンドリンガムへ急いだ。ここで亡き父とようやく対面を果たした。しかし涙を流していられる余裕などない。翌二月八日、女王は治世最初の枢密顧問会議を召集した。セント・ジェームズ宮殿の大広間には二〇〇人を超す国家の重鎮たちが一堂に会していた。ここで喪服を着た二五歳の若き女王は布告を発した。

わが愛する父の突然の死により、君主の義務と責任を負うことになりました。亡き父の奉仕と献身という輝ける先例に従い、女王となった私に向けられる忠誠と愛、さらには議会への相談に支えられながら、私は全力を尽くします。

これより一一五年前の一八三七年六月、当時やはりまだ一八歳という若さで女王に即位したヴィクトリアさながら、その堂々たる態度と立ち居振る舞いは、この国の百戦錬磨の政治家たちをも唸《うな》らせるものであった。

かつて彼女の伯母にあたるグランヴィル伯爵夫人（母エリザベスの姉）はこう周囲に洩らしたことがある。「私は子どもの頃にヴィクトリア女王を間近で見たことがある。当時の彼女は相当な高齢だったにもかかわらず、その眼光は落ち着き払い、自信に満ち、決意の固いものであると感じた。そして時々私は、それと同じ眼光をエリザベス王女の瞳《ひとみ》にも感じるのです」。

ここに、やがてイギリス史上最長のヴィクトリア女王の在位（六三年七ヵ月）をも上回ることになる、新たなる女王の御代「エリザベス時代」の幕が切って落とされた。

華やかなる戴冠式へ

国民からも敬愛された亡き父ジョージ6世の遺体は二月一一日から、祖父ジョージ5世の時と同様に、ウェストミンスター・ホールで正装安置され、何十万もの人々が最後の別れを告げに訪れた。そして祖父と同じく、葬儀はウィンザー城のセント・ジョージ礼拝堂で営まれた。妻のエリザベス王妃、リリベットとマーガレットという姉妹が深い悲しみに包まれていたのは当然であったが、誰よりもその憔悴《しょうすい》ぶりが心配されたのが亡き国王の母メアリ太皇太后であった。こののち太皇太后はめっきり衰え、一九五三年三月二四日、愛する孫娘リリベットの戴冠式を見届けることなく、八五年の生涯を終える。

その女王の戴冠式は、一九五三年六月二日と決まった。王位継承から一六ヵ月もかけて着々と準備が調えられていった。イギリスには「女王の御代に国が栄える」というジンクスがある。およそ四〇〇年前の同じ名前のエリザベス1世（在位一五五八～一六〇三年）の時代しかり、イギリス史上最長にして最盛期のヴィクトリア女王の時代しかり。七八歳の老首相チャーチルも、戴冠式を控えてこう率直な感想を述べていた。

「威厳があり、ゆるぎなく、そして穏やかながらきらきらと輝いていた、ヴィクトリア時代に青年期を過ごした私としては、いま一度『神よ我らが女王を護りたまえ《ゴッド・セイヴ・ザ・クィーン》』と祈れることに正直わくわくしているのだ」

戴冠式の日が近づくと、バッキンガム宮殿前の大通り「ザ・マル」には、高さ一九メートルのアーチが次々と建てられていった。宮殿から式の行われるウェストミンスター修道院までの沿道には、人々が自分の席を陣取っていた。道に面したホテルやレストランは「見物席」を特設した。なかには見晴らしのいいバルコニーを、シャンパン飲み放題付きで一日三五〇〇ポンドという高額で売りに出す者まで現れた。

式典の当日は、参列者は午前八時から修道院に入場した。もともとは修道院には二〇〇〇の座席しかなかったが、この日は八二五一人が出席することになっていた。二〇〇人の作業員の手により、特別席が次々と設えられていった。このため修道院の座席はぎゅうぎゅうで、奥に座るものは朝早くから入らなければならなかったのだ。式典は午後三時近くまで休みなく続くため、貴族たちは自身の冠にサンドイッチを隠して乗り込んだ。

戴冠式は一〇〇〇年に及ぶ歴史と伝統に則《のっと》って行われる。この国に束の間の共和政が存在した時期（一六四九～六〇年）、王冠《クラウン》や宝珠《オーブ》、王笏《セプター》が溶かされて、金貨に鋳造し直されたようなこともあった。それも王政復古（一六六〇年）とともに、時の国王チャールズ2世（在位一六六〇～八五年）により、すべて豪奢に作り直された。これら宝物は普段はロンドン塔に保管されているが、戴冠式の前日（六月一日）、修道院に移された。その三日前、女王は最後のリハーサルに臨み、いよいよ本番の日を迎えることとなった。

六月二日の戴冠式

六月二日は、時折雨にたたられることもあったが、女王陛下のお出ましの際には天候にも恵まれていた。政府首脳や各国からの賓客、王族らが次々と修道院に到着した後で、ついに女王陛下の登場となった。一七六二年に「七年戦争」での勝利を祝って、ジョージ3世（在位一七六〇～一八二〇年）が造らせた「黄金の公式馬車《ゴールド・ステート・コーチ》」にフィリップとともに乗った女王は、国民に手を振りながら行進した。重さ四トンにものぼる黄金製の豪華な馬車は八頭の馬に引かれて、沿道の人々の目を釘付《くぎづ》けにした。

午前一一時ちょうどに女王夫妻は修道院に到着した。かつて結婚式を執り行ってくれたカンタベリー大主教フィッシャーの司式により礼拝が進められた。まずは戴冠の椅子で、古代イスラエルから続く「塗油《とゆ》」の儀式が行われた。オリーブ油にオレンジ、バラ、シナモン、麝香《じゃこう》、龍涎香《りゅうぜんこう》などが独特に調合され、女王の腕や手、胸や頭に塗られていった。このときはガーター勲爵士四人が天蓋《てんがい》で女王を覆い、秘儀としてテレビでも放映されなかった。この油は、一九四一年に修道院首席司祭の公邸がドイツ軍の空爆で破壊されたときに焼失してしまったが、幸い「調合法《レシピ》」が残っていたので再現できたのである。

ついで戴冠のために「エドワード王の椅子」に移る。この椅子はエドワード1世（在位一二七二～一三〇七年）の時代以来使われており、下部に「スクーンの石」がはめ込まれていた。もともとはスコットランド国王の即位の折に使われていた石を、遠征したエドワード1世が略奪し、そのままこの椅子にはめてしまった。以来、イングランドとスコットランドの不仲の一因ともなっていたが、略奪から七〇〇年の時を経た一九九六年にイギリス政府からスコットランドに返還され、現在はエディンバラ城の博物館に保管されている。ただし、次の国王が戴冠を迎える際には、そのときだけこの椅子に再びはめ込むことになる。

ここで女王はローブとストールに着替えて、君主と人々を統合する象徴とされる戴冠の指輪を右薬指にはめ、宝珠と王笏《おうしゃく》を手に持って、大主教によって「聖エドワードの王冠」を被《かぶ》せられる。このとき参列する貴族たちはそれぞれの冠を被り、ここに女王に対して永遠の忠誠を誓うのである。こののち、女王はすぐ近くの聖エドワード礼拝堂に移り、ここで聖餐式を受けた後に、「帝国の公式王冠《インペリアル・ステート・クラウン》」に被り換える。

聖エドワードの王冠は、チャールズ2世が威信をかけて造らせただけあり、文字通りの金《きん》無垢《むく》でできているため重さが二・七キロもある。このため小柄（一四〇センチ台）だったヴィクトリア女王には被れず、彼女の戴冠式でより軽い（といっても一・五キロぐらいはある）帝国の公式王冠が造られた。三一七四個の宝石が鏤《ちりば》められた豪奢な冠で、その後も年に一度の議会開会式の際にエリザベス女王が被っていた。

戴冠式後のエリザベス女王，バッキンガム宮殿で，1953年6月2日

このように長年の歴史と伝統に彩られた戴冠式ではあるが、このたびの式典のために、女王自身が新たに作らせたのがドレスであった。結婚式でもドレスを担当してくれたノーマン・ハートネルが、国立肖像画美術館で歴代女王の戴冠式の衣装を綿密に研究し、女王と相談のうえで見事なドレスに仕立て上げた。重厚な絹の下地に、バラ（イングランド）、シッスル（アザミ／スコットランド）、シャ

ムロック（シロツメクサ／アイルランド）、リーキ（ニラネギ／ウェールズ）、さらにはメープル（サトウカエデ／カナダ）やゴールデンワトル（アカシア／オーストラリア）など、連合王国と英連邦王国の国花を金糸・銀糸で縫い取らせた見事な図柄となった。

これらの儀式の一部始終は、修道院に列席する人々とともに、テレビ放送を通じて全国からも見守られた。日本では、明仁《あきひと》皇太子と美智子《みちこ》妃のご成婚（一九五九年四月）の際に、全国にテレビが普及したとされている。イギリスでは、それに先立つこと六年ほど前の、この戴冠式のときにテレビが普及した。その戴冠式も当時のイギリスの人口の半分に相当する、二〇〇〇万人以上もの人々がテレビで見ていたようである。

その明仁皇太子は、ウェストミンスター修道院で女王の戴冠式を見守ったひとりでもあった。太平洋戦争（一九四一～四五年）で敵味方に分かれて戦った相手であったが、戦後の和解が進むなかで、日本の皇太子がイギリス女王の戴冠式に公式に招かれたのである。

逆にイギリスに深いゆかりがありながらも、この戴冠式に招かれなかった人物もいた。「デイヴィッド伯父さん」こと、かつての国王エドワード8世である。「王冠を賭けた恋」による退位後、弟バーティから「ウィンザー公爵」の爵位と年金を受け取っていた彼は、念願のウォリスとの結婚も果たし（一九三七年六月）、以後はパリ近郊で生活していた。愛する姪「リリベット」の戴冠式にあたって、チャーチル首相との事前の相談で出席を見送らされていたウィンザー公は、ウォリスとともにパリの友人の家のテレビで自らが執り行うことのなかった戴冠式の模様を、複雑な表情でじっと見つめ続けていた。

すべての儀式が終了し、午後二時五三分に女王は修道院西側扉から再び馬車に乗って、ピカデリーなどの繁華街も通って、バッキンガム宮殿に戻り、バルコニーから群衆に手を振り続けた。傍《かたわ》らには四時間近くにも及んだ戴冠式に臨席してくたくたになった四歳半のチャールズ王子の姿もあった。こうして女王にとっての長い長い一日が終わったのである。

コモンウェルス・ツアーへ

しかし女王には休んでいる暇などなかった。世紀の戴冠式からわずか半年足らずの一九五三年一一月二三日から、女王夫妻はコモンウェルス（旧英連邦）諸国を中心とした世界周遊の旅に出なければならなかったからだ。女王は、イギリスの君主であるばかりではない。カナダやオーストラリア、ニュージーランドや南アフリカ連邦といった英連邦王国にとっても「女王陛下」なのだ。これらの国々への「顔見世興行」も必要である。

世界周遊の旅が始まる四日前、チャーチル首相は庶民院で次のように演説した。「女王がこれから乗り出されようとしている旅は、ドレークがイングランドの船で初めて世界を一周したときに劣らぬ幸先《さいさき》のよい旅であり、女王が持ち帰られるであろう宝物も、ドレークに劣らぬ輝かしいものであろうかと思われるのであります」。

ドレークとは、エリザベス1世の時代に活躍した海賊であり、航海者でもあった。特に宿敵スペインから宝物を奪い、スペイン無敵艦隊を破った「アルマダの戦い」でも指揮を執った英雄的人物である。エリザベス1世はそのドレークに勲爵士《ナイト》の称号まで贈っていた。いまエリザベス2世を議会で激賞したチャーチルも、この年イングランド最高位のガーター勲章を授与され、その勲爵士のローブを着て女王の戴冠式を見守り続けていた。

一六世紀のエリザベスは自ら船旅で海外に出ることはなかったが、二〇世紀のエリザベスが乗り出した世界周遊の旅とは、以下のようなものであった（68〜69頁の地図参照）。バミューダ諸島（一九五三年一一月）、ジャマイカ、パナマ（同）、フィジー、トンガ（一二月）、ニュージーランド（一二月〜五四年一月）、オーストラリア（二〜四月）、ココス諸島（四月）、セイロン（現スリランカ／同）、アデン（現イエメン／同）、ウガンダ（同）、トブルク（リビア／五月）、マルタ（同）、ジブラルタル（同）。

イギリスへ戻ってくるのは一九五四年五月一五日の予定とされ、半年近くにわたる長旅である。この間、飛行機や船や自動車が使われ、走行距離は六万五〇〇〇キロにも及ぶ。文字通りの世界一周の旅である（赤道の周長は約四万キロ）。

女王夫妻は各地で大歓迎を受けた。トンガでは、女王サローテ（トゥポウ3世）から歓待を受けている。半年前の戴冠式の際に、サローテ女王はロンドンにわざわざ駆けつけてくれた。式が終わって宮殿に戻るとき、サローテ女王の乗った馬車は運悪く雨に見舞われた。屋根をつけずにロンドン市民の歓呼を受けていた女王は、あわてて屋根をつけようとする御者を制し、そのまま運転させた。ブリティッシュ・エンパイア勲章の鮮やかな赤いマントを身につけた女王は、ずぶ濡れになりながらも笑顔で市民に手を振り続け、その気概に市民の多くが感動したと言われている。

そしてニュージーランドで、エリザベス女王はクリスマスを迎えた。この前の年のクリスマスから、彼女は毎年恒例となる「クリスマス・メッセージ」をBBCのラジオを通じて、イギリス、英連邦王国、さらには植民地へと発信するようになっていた。即位二年目の一九五三年は、ニュージーランドの当時の首都オークランドで発したメッセージが午前九時にはロンドンに届けられ、その日の午後三時にあらためて放送された。

一九五二年の初めてのクリスマス・メッセージで、女王は亡き父王のように帝国全体の人々に近づきたいとの希望を発信していた。その父ジョージ6世は、かつてコモンウェルスの首相たちにこう語ったことがある。「君主というものは権威を付随した抽象的な象徴《アブストラクト・シンボル》であるかもしれないが、国王自身は個人なのだ」。

一九五三年一二月二五日に娘のエリザベスが全世界の人々に伝えたメッセージには次のような一文が盛り込まれていた。「私は君主というものが、われわれの団結にとって単に抽象的な象徴であるだけではなく、あなたと私の間を結ぶ個人的な生きた紐帯《ちゅうたい》であることも示したいのです」。これこそコモンウェルスはもとより、イギリス国内で「君主とはどのような存在なのか」を、実に見事に表現した神髄ともいうべき言葉である。亡き父が苦悶《くもん》した問

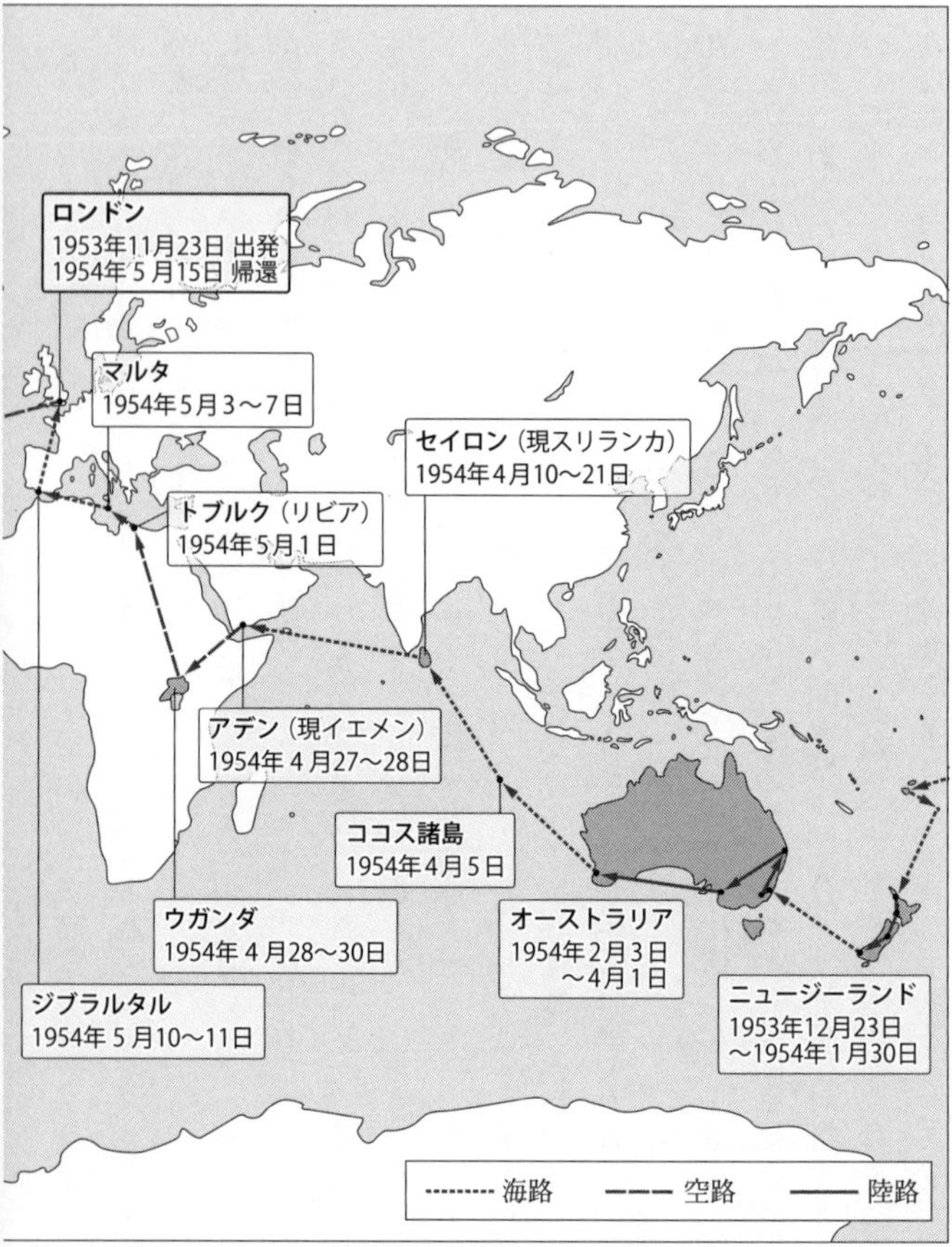

Gibraltar, the 1953-54 Royal Tour and the Geopolitics of the Iberian Peninsula,"

コモンウェルス・ツアー（1953〜54年）

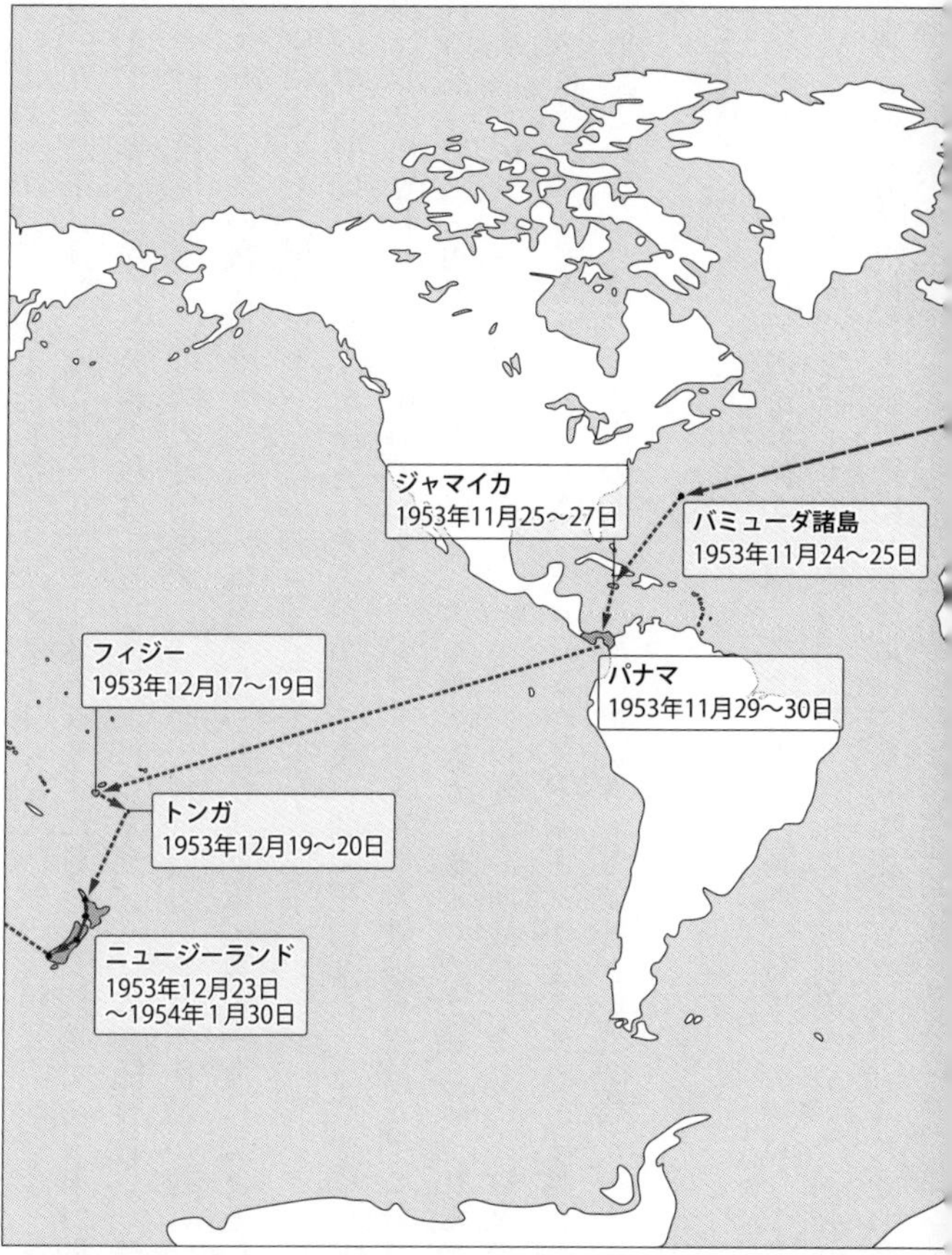

出典：Klaus Dodds, David Lambert & Bridget Robinson, "Loyalty and Royalty: *Twentieth Century British History*, vol. 18, No. 3, 2007, p. 366より著者作成

いかけに対して、娘が出した回答だったのかもしれない。

翌一九五四年二月からは女王一行はオーストラリアに移った。同地での五七日間にわたる旅で女王夫妻がこなした公務の数は二五〇件以上に及んだ。三二人の随行員と一緒に巡幸した町や村の数は七〇、この間に自動車で二〇七回、飛行機で三三回の移動が続いた。当時のオーストラリアの総人口は九〇〇〇万人ほどであったが、女王夫妻を一度は見たという者の数は、実にその七五％（七〇〇〇万人ほど）に達したとされている。

このの ち中東やアフリカを経て、夫妻がかつて束の間の平穏なひとときを過ごした思い出の地マルタに立ち寄り、地中海の出入り口ジブラルタルでも歓迎を受けた。これまた当時の人口の三分の二に相当する一万八〇〇〇人もの人々が、歓迎のため街に繰り出した。

こうして女王夫妻の世界周遊の旅は、チャーチル首相が期待したように、数々の宝物をイギリスに持ち帰ってここに終了した。それはかつてドレークがエリザベス1世に持ち帰った金銀財宝というよりは、世界中の人々とのあいだに育《はぐく》んだ友好という宝物だった。

女王の役割

半年近くに及んだ世界周遊の旅から帰ってきた女王を待ち受けていたのは、公務の嵐だった。すでに王女の時代から、イートン校のマーティン先生と国制史について勉強してきた女王であるが、第二次世界大戦が終結した後には、最初の秘書官コルヴィルに連れられてウェストミンスターの国会議事堂をたびたび見学し、国王から許可を得て政府関連の機密文書・外交文書にも目を通すようになっていた。生来が聡明《そうめい》できまじめな彼女のことである。政治的な知識も見識も着実に蓄積されていった。

そのイギリスの「国王大権《ロイヤル・プレロガティヴ》」は、一九世紀以前に比べればだいぶ制限を受けるようになっていたとはいえ、君主にはいまだ「国家元首《ヘッド・オブ・ステート》」としての大切な役割があった。それは、①議会の開会・解散（ただし解散は二〇一一年の議会法で外された）、②首相の任命、③議会制定法の裁可、④官職者の任命の裁可、⑤枢密院令の裁可、⑥国家元首としての代表的な役割（国賓の接遇、外国への国賓としての公式訪問）、⑦各国外交官の接受、⑧首相との定期的な会見、などがあげられる。

さらに女王には、⑨栄典の授与、⑩国軍の最高司令官、⑪司法権の首長（いまだにイギリスでは女王の名において裁判が行われる）、⑫すべての文官（官僚）の首長、⑬イングランド国教会の最高首長、という国制には明記されていない役職も加わる。

「国家元首」としての役割と並んで、イギリス君主が果たしてきたもうひとつの重要な役割が「国民の首長《ヘッド・オブ・ネイション》」としてのそれである。それは、①国民統合の象徴（国民的な偉業や自然災害・テロなど、国民全体に関わる問題についてメッセージを発する）、②連続性と安定性の象徴（議会の開会式や女王誕生日など、各種の伝統的な行事などを通じて）、③国民の功績の顕彰、④社会奉仕への援助（各種慈善団体のパトロンなど）、の四つから成り立っている。

しかもエリザベス2世が即位した当初（一九五二年）は、いまだアジア・アフリカにも数多くの植民地が残っており、自治権を与えられたカナダやオーストラリアも、イギリスと同じく彼女を「国家元首」にして「国民の首長」に掲げていた。二五歳で即位した彼女は、こうした数々の任務を自らの経験も通じて、徐々に身に染みこませていったのである。

老臣チャーチルの引退

そのような女王の初期の政治は、父の代からの老臣サー・ウィンストン・チャーチルに委《ゆだ》ねられていたのだが、この「大戦の英雄」も寄る年波には勝てない状況となっていた。女王の戴冠式からわずか三週間後の、一九五三年六月二三日の夕刻、イタリアのアルチーデ・デ・ガスペリ首相歓迎の晩餐会が終了した直後、チャーチル首相は脳梗塞《のうこうそく》に陥った。翌日の閣議でも呂律《ろれつ》が回らず、このまま首相が恢復《かいふく》しない場合には、後継首班の選定も緊急に行わなければならなくなった。

当時の保守党には党首選挙がまだなく、幹部たちのなかから「自然に」後継者が現れ、その者が選ばれていたのが実情だった。チャーチルの後継には、長年「皇太子」などとも言われたサー・アンソニー・イーデン外相がいたが、折悪しく彼自身の手術のために渡米していたのだ。女王は即位してから一年少しで、後継首班の選定という大事に直面した。

しかも後継者と目されていたイーデン不在の状況で、女王は秘書官のサー・アラン・ラッスルズ（父の代から一時的に君主秘書官を引き継いでいた）と保守党幹部に相談させ、枢密院議長のソールズベリ侯爵を暫定政権の首相代理にすえ、イーデンが就任するまでの臨時職にすることまで決めさせていたのである。

このときはチャーチルが「奇跡的に」恢復したため、首相の交代劇は起こらなかったが、その彼も一九五四年一一月には満八〇歳を迎えた。ついに引退の日取りも翌年四月六日に決まった。その前日、女王とフィリップはダウニング街一〇番地の首相官邸を訪れ、チャーチル夫妻らと晩餐を共にした。君主が首相官邸に入ること自体が「異例」であったが、それだけ女王のこの老臣に対する感謝の気持ちが強かった現れであろう。

ウィンストン・チャーチル（1874～1965）首相在任（1940～45, 51～55） 女王治世下で最初の首相として仕えた．孫のような年齢の若く美しい女王に淡い「恋心」を抱いていたとも言われる．53年の戴冠式では，「敵国日本」への反感がまだ強く残るなか，参列した日本の明仁皇太子を温かく接遇．首相官邸での午餐会で丁重にもてなし，偏見を払拭した

チャーチルにはこれまでの偉大なる功績により、女王から「公爵位」を授与したいとの提示が行われたとされる。しかし「女王の美しいお顔と魅力、そのお優しさから、私はほとんど受理しかけるところであったが、やはり私は『ウィンストン・チャーチル』として死ななければならぬと思い、ご辞退した」と、のちにチャーチル自身が述べて

いる。

チャーチルの引退は、イギリスにおけるひとつの時代が終わる予兆でもあった。

マーガレットの結婚問題

そのチャーチル首相の時代から、王室と政府とのあいだですでに懸案事項とされていたのが、ほかならぬ女王自身の妹マーガレットの恋愛問題だった。

女王より四つ年下のマーガレットは、自制心が強く謹厳実直な姉とは異なり、幼い頃からいたずら好きで手に負えない子どもだった。リリベットが結婚すると、ひとりでクロフィとの勉強を続け、姉が女王となった後には、母エリザベス皇太后とクラレンス・ハウス（結婚後のエリザベス王女一家の宮廷で、バッキンガム宮殿からほど近い場所にある）で生活していた。そんな彼女も思春期を迎え、好きな男性が現れた。

そのお相手こそが、父の侍従武官を務めていたピーター・タウンゼンド空軍大佐だった。第二次世界大戦で活躍し、殊功勲章まで授与された「空の英雄」である。一九四四年から国王付きの侍従武官となり、ジョージ6世からも大変気に入られていた。前章でも書いたとおり、一九四五年五月八日のドイツ軍降伏の日に、王女二人の外出に随行したひとりでもある。そんな彼にマーガレットはいつしか心を惹かれていた。

しかし大問題があった。タウンゼンドは妻帯者だったのだ。しかも子どもも二人いた。戦後には、国王一家の南アフリカ訪問（一九四七年）にも随行したタウンゼンドは、毎朝のようにマーガレットと乗馬に出かけた。翌四八年九月には、オランダでユリアナ女王の即位式が行われ、国王の名代として出席したマーガレット王女の随行員に選ばれたのも、タウンゼンドだった。

やがてジョージ6世が亡くなると、タウンゼンドは宮廷に居場所がなくなる。エリザベス女王の宮廷は新たな陣容でスタートしていた。マーガレットのほうも、クラレンス・ハウスではひとりぼっちの生活が続いた。その年（一九五二年）の一一月にタウンゼンドは妻と離婚した。その直後から、マーガレットとの関係が本格化したとされる。

この関係にいち早く気づいたのが、女王秘書官ラッスルズであった。「使用人がご主人のお嬢様に手を出すこと」をきつく注意したラッスルズであったが、タウンゼンドは聞き入れなかった。マーガレットも、「リリベット」が幸せな結婚をし、子どもにも恵まれているのだから、自分にもそのような幸福が訪れてよいはずだと強く考えていた。

ついにラッスルズは翌一九五三年春頃から、この問題を女王夫妻と真剣に相談しあうようになった。イギリスには「王室婚姻法」（一七七二年制定）があり、王族は二五歳に達するまでは君主の許可なくしては結婚はできず、またその際にはイギリスや英連邦王国の政府と議会からも了承が必要だった。マーガレットは当時まだ二二歳であった。

女王はマーガレットに同情的であったし、昔馴染みのタウンゼンドのことも好きだったが、彼がマーガレットより一四歳も年上でしかも離婚経験者というのがネックとなった。当時は伯父エドワード8世の「王冠を賭けた恋」の一件から、まだ二〇年も経っていなかった。一九五三年前半はメアリ太皇太后の逝去（三月）と戴冠式（六月）も重なり、この問題は戴冠式後にあらためて検討されることに決まった。

大衆紙のスクープ

ところがその戴冠式からわずか一〇日後の六月一二日、大衆紙『ザ・ピープル』に二人に関するゴシップ記事が大々的に掲載される。翌日ラッスルズはチャーチル首相のもとに相談に訪れた。チャーチル首相は、主要閣僚とも相談した後、空軍大臣からの打診のかたちで、タウンゼンド大佐はベルギー駐在のイギリス大使館付き駐在武官として、ブリュッセルに赴任することに決まった。

ところが、『デイリー・ミラー』や『サンデー・エクスプレス』など、大衆紙は次々とタウンゼンドとマーガレットの関係を書き立てていった。

イングランド国教会の最高峰フィッシャー大主教は二人の結婚には反対だった。そして何より母のエリザベス皇太后も、娘の女王と同様、タウンゼンドのことは気に入っていたが、マーガレットと結婚するともなると話は別と考えていた。

タウンゼンドがブリュッセルにいるあいだに事態は進展を見せなかったが、一九五五年に彼が帰国すると急展開を見せる。この年の八月でマーガレットは満二五歳を迎えたのだ。もはや女王や議会、政府の了承など自らの結婚に必要なかった。この年の一〇月にイーデン政権の主要閣僚はマーガレットの結婚問題について慎重に検討し、彼女がタウンゼンドと結婚する場合には、王位継承権を放棄させ、王室費も支給しないと決定する。

ついに一〇月三一日、マーガレットはBBCのラジオを通じて、以下のような声明文を発表した。「私はタウンゼンド空軍大佐とは結婚しないことに決めました。キリスト教において結婚とは永遠《とわ》のものであるとの教えと、コモンウェルスに対する私の義務感から、このような結論に達したことをお伝えします」。断腸の思いでの表明であったことだろう。しかし「リリベット」をこれ以上、面倒には巻き込みたくなかった。

このの ちマーガレットには、マールブラ公爵家やバックルー公爵家といった名門貴族の御曹司との噂が流れたが、最終的に彼女が選んだのは、同い年で新進気鋭の写真家アンソニー・アームストロング＝ジョーンズだった。二人は一九六〇年五月に結婚し、デイヴィッドとサラという二人の子宝にも恵まれたが、結婚生活はやがて破綻《はたん》し、七八年に離婚した。「タウンゼンド事件」は、マーガレットはもちろん、女王の心にも深い傷を残した。

スエズ危機とイーデン後継問題

マーガレットの結婚問題が終息した一年後、女王は今度は国際的な問題に直面した。一九五六年七月、エジプトのガマル・アブドゥル・ナセル大統領が突如、スエズ運河の国有化を宣言したのである。スエズ運河は一八七〇年代以来、英仏の事実上の支配下に置かれ、ナセルの行動は両国にとって「暴挙」と映った。

イーデン首相はすぐさまフランスと協議に入り、秋までにはエジプトの宿敵イスラエルも誘って共同出兵を計画することとなった。

しかし女王自身は、数々の研究からも明らかになっているが、スエズ出兵には個人的には反対だった。たしかにイーデンは、第二次世界大戦時からイギリス外交を主導してきた「外交のプロ」であり、指導力のある政治家だった。そのイーデン（ジョージ6世より二歳年下）の娘ぐらいの年齢にすぎない女王ではあったが、彼女も即位してから四年も経つうちに、チャーチルを筆頭とする百戦錬磨の政治家たちから数々の薫陶を受け、その政治外交的な知識や判断力はかなりのものになっていた。

女王は、ナセルが国有化を宣言して以降の中東に関する機密文書や外交文書のすべてに目を通していた。一一月一日から二二日の英仏イスラエル三国による作戦展開や諜報《ちょうほう》活動のすべてを把握してもいた。さらに王女時代から彼女に仕え、女王秘書官補へと転じていたチャータリスからの情報も貴重だった。もともと陸軍軍人だった彼は、第二次世界大戦中に中東とパレスチナを舞台に諜報活動に従事していた「中東のプロ」だった。

こうした現地の情報に加え、最大の同盟国アメリカがスエズ派兵に難色を示し、ナセルの盟友でインドの首相ジャワハルラル・ネルーなど、コモンウェルス諸国の首脳たちからの反発もあった。さらに国連安全保障理事会で支持を取りつけられていない現状では、女王の目からすれば、イーデンの行動は「ばかげている《イディオティック》」としか思えなかった。

しかし女王は「立憲君主」としての節度をわきまえられる人物だった。「スエズ危機」と呼ばれたこの一連の事態に関して、女王と首相とのあいだで取り交わされたやり取りについては、イーデンは生前いっさい公表を拒否していた。おそらく女王は派兵に関しては慎重な意見を述べたかもしれないが、最終決定はイーデンに任せたのである。

結果はイギリスの惨敗だった。戦闘自体では、スエズ運河を占領していたエジプト軍があっというまに蹴散《けち》らされるという英仏側の大勝利であったが、アメリカをはじめとする国際世論から手厳しい非難にさらされた両国は、撤兵を余儀なくされたからだ。イギリスはもはや「大英帝国」など幻想の彼方にあることを思い知らされる。

イーデンの責任は重かった。すでに首相就任時から数々の病気に悩まされてきた彼は、病気

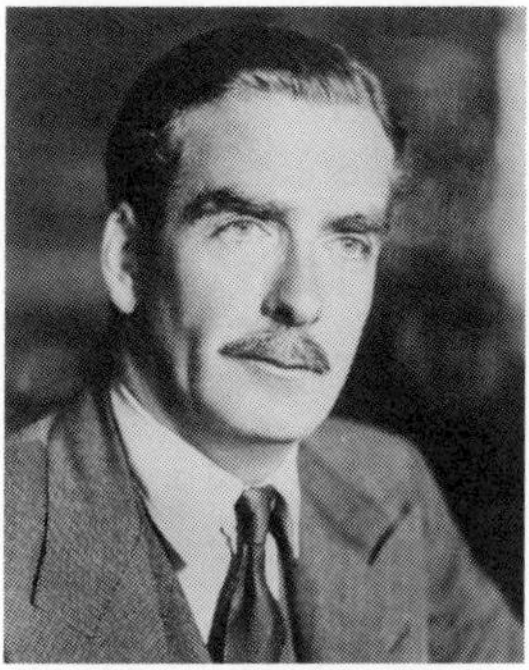

アンソニー・イーデン（1897〜1977）首相在任（1955〜57）
第2次世界大戦中から戦後にかけてのイギリス外交を主導した立役者．歴代首相のなかではめずらしい「離婚経験者」だった．このため女王の妹マーガレットとタウンゼンド空軍大佐の恋に，個人的には2人に同情を示していたが，当時の世論の動向を慮り，首相としてこれに反対した

療養のためクリスマスをジャマイカで過ごし、一九五七年一月に帰国した。年末年始をサンドリンガム・ハウスで過ごしていた女王のもとに、めっきり老け込んだイーデン首相が訪ねてきた。健康の問題もあり、首相を辞任する意向を述べた。

先に記したとおり、当時の保守党には党首選挙はない。チャーチルより二三歳も年少のイーデンの任期は長くなるものと予想されていただけに、後継者はしっかり決まっていなかった。当時の党内情勢からすれば、財務相のハロルド・マクミランか、玉璽尚書《ぎょくじしょうしょ》のリチャード（ラブの愛称で知られた）・バトラーのいずれかが適任であろうと目された。

女王は、閣僚など党幹部の意見の取りまとめを枢密院議長のソールズベリ侯爵に任せ、チャーチルら保守党長老政治家の意見は、戴冠式の直後から女王秘書官となっていたサー・マイケル・アディーンに聴取させることにした。一月一〇日の午前中、ロンドンに戻っていた女王はバッキンガム宮殿にソールズベリとチャーチルを招請し、二人から意見を聴いた後で、正午にマクミランを招請し、彼に首相の大命を降下する。

これまでの様々な研究では、このイーデンの後継首班選定の際に女王は辞めていく首相の意見を徴することはなかったとされてきた。しかし最新の研究でこれは否定されている。イーデンは、まず辞任の意向を明らかにした一月八日のサンドリンガムでの会見、次いで翌九日夕刻のバッキンガム宮殿での会見で、女王に自身の見解を述べたようである。彼は「君主と首相の会見内容はいっさい明かさない」方針を貫いたため、誤解されてしまったが、マクミランが首相に選ばれたという結果は、イーデンの見解とも合致したようである。

とはいえ、スエズ問題で党内での影響力を失った彼自身の推薦だけでは、後継者の選定は難しかったのであろう。党内有力者や長老政治家たちの意見を徴し、女王はいまだ後継者が確定していなかった首相の選定作業も、比較的スムースに終えることができたのだ。

女王とマックのアメリカ訪問

しかし、女王にとってもマクミラン新首相にとっても前途は多難だった。スエズ危機で完全に傷ついてしまったイギリスの国際的な威信を回復するとともに、何よりも傷ついてしまったアメリカとの「特別な関係」も取り戻さなければならない。二〇世紀前半の二度の世界大戦で両国は同盟者となったばかりか、第二次世界大戦後にイギリスが経済復興を果たすにはアメリカからの援護は不可欠のものになっていた。

首相就任から二ヵ月後の一九五七年三月、マクミランは北大西洋に浮かぶ英領のバミューダでアメリカ大統領ドワイト・デイヴィッド・アイゼンハワーと会見した。二人は「戦友」だった。「マック」ことマクミランが大戦中に北アフリカ（アルジェ）に弁理公使として派遣されていたとき、「アイク」ことアイゼンハワーは同地の連合軍最高司令官だった。以来親友だった二人は、スエズ危機で傷ついた英米関係の修復に努めた。

これにさらなる手助けを申し出たのが女王である。一九五七年という年は、ジェームズ1

ハロルド・マクミラン（1894～1986）首相在任（1957～63）
有名な出版社の一族に生まれる．女王が膨大な政府文書のすべてに目を通し，その知識の深いことにいつも瞠目していた．首相退任直後は爵位も栄典も断ったが，90歳の誕生日（84年2月）に突如これを受ける．「ストックトン伯爵」に叙され，その2年後に92歳で大往生を遂げた

世（在位一六〇三～二五年）の時代にイングランドが本格的に北アメリカ植民地（ヴァージニアのジェームズタウン）に入植を開始してから、ちょうど三五〇周年だった。これを機に、エリザベス女王夫妻がアメリカを公式訪問することに決まった。

一〇月一七日の朝、女王はワシントンの空港に降り立った。トルーマンに歓待を受けてから六年の歳月が流れていた。当時は王女であったが、今回は「女王」としての初訪米である。早速その日の晩には、ホワイトハウスで大統領主催の晩餐会が開かれた。「英語を話す両国民は、この二つの国を、神に対する信仰、そして彼ら自身に対する信仰、すなわち人間の権利に対する信仰を有する偉大な国に築き上げた諸原則をしっかりと支えるためにともに前進しています。その勇気は私たちが王室に対して抱いている親愛の情のなかに凝縮されているのであります」と大統領はスピーチを締めくくった。

そこには、この前年にイギリスによるスエズ侵攻を激しく罵《ののし》った大統領の姿はなかった。アイクは、亡き父ジョージ6世にとっても、また女王自身にとっても「戦友」だったのだ。

ノーマン・ハートネルとともに女王のお気に入りとなったデザイナー、ハーディー・エーミスが金糸のシダの刺繡《ししゅう》にビーズやパールをあしらって作った美しいドレスに身を包む女王を、老大統領は温かく見守っていた。大統領の首には、かつてジョージ6世から贈られたメリット勲章が、英米の「特別な関係」を表象するかのように誇らしげにかけられていた。

女王夫妻の訪米は、ソ連がアメリカに先がけて世界初の人工衛星の打ち上げに成功した（一〇月四日）、いわゆる「スプートニク・ショック」のさなかのことである。これからもますます過熱するかもしれないソ連との競争の時代にあって、英米関係もさらに強化していかなければならない。

こののち女王夫妻はニューヨークに移り、摩天楼で人々から紙吹雪の大歓迎を受けた。さらに国際連合総会で女王は演説を行った。イギリス君主としては初めてのことである。スエズ危機の際に、イギリスの軍事行動はこの国連の安保理からも非難を受けたことが、あるいは女王の脳裏をよぎったかもしれない。八二ヵ国からの代表を前に、女王は全世界の結束と国連憲章の支持を訴えかけた。

四日間の行程を終えて、女王夫妻はアイクに別れを告げて帰国した。ロンドンの空港ではマクミラン首相が出迎えに来ていた。彼はすでに駐米イギリス大使から次のような報告書を受け取っていた。「女王のご訪問は当地で大変な反響を及ぼしています。彼女はジョージ3世〔アメリカ独立時の国王〕の記憶を永久に葬《ほうむ》り去ってしまいました」。

しかしマクミランも負けてはいられない。女王帰国の七時間後には、その同じ飛行機に乗って、今度は首相自身がワシントンに向かう番だったのである。アイクとの協議もひと段落したところで、マックはいきなり大統領からお小言を頂戴《ちょうだい》した。

「女王陛下がお若いからいいようなものの、イギリス大使館はいったい何を考えているんだ！　たった四日間であれだけのスケジュールを組むなんて。ホワイトハウスであれだけタイトなスケジュールを考え出すヤツがいたら即刻クビだよ！」

南アフリカ共和国の独立

女王としての初訪米も大成功に終わらせたのち、エリザベス女王にはいつものご用繁多が待ち受けていた。アメリカから帰国した二ヵ月後、女王は毎年恒例となったクリスマス・メッセージを寄せたが、この年からはBBCのテレビも同時に併用されることになった。イギリスでは、一九五〇年の時点では全世帯の四％しかテレビを保有していなかったが、先にも記したとおり、女王の戴冠式（五三年）を機に保有率が増え、一九六〇年には国民の実に八〇％が自宅にテレビを持つ時代となっていた。

その一九六〇年二月一九日、女王一家に三番目の子どもが誕生した。アンドリュー王子である。その四日後には、日本の明仁皇太子・美智子妃にも待望の第一子が誕生した。こちらも男の子で、「浩宮《ひろのみや》」と名付けられた。日英両王室は、それぞれの慶事を祝してメッセージを送りあった。イギリスでは、現役の君主が子どもを出産したのは、ヴィクトリア女王が末娘ベアトリス王女を生んで（一八五七年）以来、実に一〇三年ぶりだった。

しかし日英の王（皇）室に新しい命が誕生したわずか一ヵ月後、南アフリカのヨハネスブルク近郊では多くの命が失われる。

一九一〇年にカナダやオーストラリアと同じく、自治領となった南アフリカ連邦は、二度の世界大戦でもイギリスを支援し、コモンウェルスのなかでも大きな発言力を持っていた。ところが国内では、人口の七割を超える黒人を徹底的に差別した「人種隔離政策《アパルトヘイト》」を断行し、海外からも非難を集めていた。

女王の戴冠式とともに発足した新たなコモンウェルス諸国首相会議（次章で詳述）は、インド、パキスタン、セイロン（現スリランカ）が加わったことで、白人たちが支配した戦前の英連邦のあり方にも終止符が打たれるようになった。一九六〇年までには、さらに独立を達成したマラヤ（現マレーシアとシンガポール）とガーナもこれに加わる。

そのような矢先に事件が起こった。一九六〇年三月二一日、ヨハネスブルク近郊のシャープヴィルで虐殺事件が生じたのである。一八歳以上の黒人に身分証の携帯を義務づけた法に反対するデモが警察署前で行われ、これに対して警官隊が発砲したのだ。六九人が死亡し、一八〇人以上が大けがを負う大惨事となった。「シャープヴィルの虐殺」は、瞬く間に全世界に報じられた。

すぐに反応したのがマラヤのトゥンク・アブドル・ラーマン首相だった。この年の五月（三～一三日）にイギリスを舞台にコモンウェルス諸国の首相会議が開催されることになっていた。ラーマン首相は、この会議で南アフリカでの人種差別について検討すべきだとマクミラン首相に電報を送った。五月二日、首相会議の前夜祭がウィンザー城ウォータールーの間で開かれた。女王が主催し、真夜中まで各国首相たちと歓談したとされている。

南アフリカのヘンドリック・フルウールト首相は出席しなかった。彼は、各国首脳から糾弾されるのを嫌い、外相のエリック・ロウを代わりに出席させた。案の定、ロウ外相は各国から槍玉《やりだま》に挙げられた。しかしロウはアパルトヘイトを廃止することはできないと、強く主張した。ガーナのクワメ・エンクルマ首相は、南アフリカがコモンウェルスから脱退してしまえば、人種差別をより好き勝手に行うだろうと、慎重な姿勢を崩さなかった。

しかし南アフリカの人種差別主義を非難する文言を、今回の首相会議の声明文に盛り込むべきだとの声が、特にアジア・アフリカの首脳たちから強く上がっていた。最終的には、声明文にはロウ外相も合意できる程度の文言は盛り込まれたものの、強い非難にまでは至らなかった。とはいえ、南アフリカを除く首脳たちは皆一様に人種差別政策に強い懸念を抱いていたことは明らかだった。

女王はこの一〇日間の会議の一部始終について報告を受けていた。彼女も南アフリカでの人種差別政策には懸念を感じていた。もちろん、それを表に出すことはなかったが。この会議では、同年に独立したばかりのナイジェリアも新規加盟国となることが承認された。今後もますます非白人主体の国々がコモンウェルスのメンバーとして加わってくるだろう。これを逆に不快に思ったのが当の南アフリカだった。ついに一〇月五日には、フルウール卜首相の主導の下で国民投票が行われ、南アフリカは共和制に移行し、翌一九六一年三月にコモンウェルスからも脱退した。南アフリカは女王の手の届かない存在となってしまったのだ。

政情不安のガーナ訪問問題

一九六〇年五月のコモンウェルス首相会議から二ヵ月後、アフリカ西海岸のガーナでも共和制への移行が見られた。一九五七年に、アフリカ大陸にあるイギリス植民地のなかで初めて独立を果たしたガーナは、しばらくは女王を国家元首に戴《いただ》く英連邦王国の位置にあった。その三年後に、独立の父エンクルマを初代大統領に、ガーナは共和国になった。

この年は俗に「アフリカの年」とも呼ばれ、フランス領中央アフリカやセネガル、ベルギー領コンゴなど、一七ヵ国が次々と独立を果たしていた。独立の父として国民から敬愛されていたエンクルマだったが、一九六一年に起きた賃上げデモに対する徹底的な弾圧により、その国民の多くから反感を持たれるようになった。財務大臣などが解任され、反エンクルマ派の政治家たちが五〇人以上も不当に逮捕・投獄される事態にまで発展した。

実はこの年の一一月に、エリザベス女王が西アフリカ諸国を歴訪する予定となっていた。

一〇月一〇日にマクミラン首相が開いた閣議の時点では、これ以上事態が悪化しない限りは、女王のガーナ訪問は予定通り行われることに決まった。とはいえ、政情不安なガーナへ女王を送り出すことに、議会や新聞などからも疑問の声が上がり始めていた。

一〇月一八日、エイヴォン伯爵（イーデンが同年七月に叙爵）と晩餐をとっていたサー・ウィンストン・チャーチルは、女王のガーナ訪問に反対している旨をマクミラン首相に伝えたとエイヴォンに述べていた。女王の身の危険はもちろんのこと、エンクルマが自身の権威主義体制を正当化する手段として女王の訪問を利用するのではないかと、チャーチルは危惧《きぐ》したのである。エイヴォン伯も同意見だった。

翌一九日には、庶民院の審議で女王のガーナ訪問は危険なのではないかと、数人の議員から政府側に質問が寄せられた。マクミラン首相も、本来であれば危険なガーナへの訪問は取りやめにしていただきたいとは思っていた。だが、女王のガーナ訪問には、米ソ冷戦下の国際政治も複雑に絡んでいた。

男の心臓を持っている

一九六一年当時のガーナは、経済成長を実現するためにも、ヴォルタ川をせき止め世界最大級の人工の湖「ヴォルタ湖」をつくり、ここに水力発電用のダムを建設しようと計画していた。その出資者として名乗りを上げていたのが、この年の一月に大統領に就任したばかりのジョン・F・ケネディのアメリカ政府であった。そのケネディの命を受けた使節団がガーナを訪問する予定となっていたのが、一一月下旬のことだった。

女王の公式訪問（一一月九〜二〇日）はその直前に予定されていたのだ。女王のガーナ訪問がうまくいくかどうかは、ヴォルタ湖にダムを建設できるかどうかの命運をも決する一大事であった。これでもし女王の訪問が中止されたらどうなるだろうか。エンクルマは激怒して、コモンウェルスも脱退し、西側陣営を離れ、ソ連の側に付いてしまう可能性もある。事実、この年の九月にエンクルマはモスクワを訪れ、ニキタ・フルシチョフ首相らソ連首脳部から大歓迎を受けていた。

これでは、同じくナイル上流のアスワンにダムを建設しようとして、米英両国に財政支援を要請し、それを断られたがためにソ連側に近づくと同時に、スエズ運河国有化まで宣言したナセルの二の舞になってしまう。「スエズの蹉跌《さてつ》」だけは二度と味わいたくないと、イギリス首脳部のすべてが異口同音に唱えていた。だが一一月四日には、ガーナの首都アクラで爆弾騒ぎまで起こっていた。マクミランも不安になった。

しかし女王はガーナに旅立ったのである。一一月一三日、エリザベス女王の姿はアクラにあり、ガーナの国民全体が女王を大歓迎した。エンクルマ大統領も満面の笑みで女王夫妻を歓待した。このときばかりは、デモもテロもいっさい起こらなかった。

その日の日記にマクミラン首相は次のように記している。「女王はまさに男の心臓と胃を持っていらっしゃる。彼女は特にコモンウェルスに関わる仕事については強い信念を持ち、まさに責務を愛しておられるのだ。彼女は操り人形《パペット》などではなく、女王《クィーン》なのだ」。

女王のガーナ訪問は大成功のうちに幕を閉じた。これに刺激を受けて、アメリカ政府の使節団もガーナを訪れた。一二月四日の晩、マクミラン首相はホワイトハウスのケネディ大統領に電話をかけた。「私はうちの女王を賭けたのですから、あなたは金を賭けるべきです」。大統領も、この半年前（一九六一年六月）に自身と妻ジャクリーンをバッキンガム宮殿で歓待してくれた、九歳年下の女王の勇気を絶賛した。

一二月一二日、アメリカ政府は正式にヴォルタ湖のダム建設計画に出資すると発表した。一九六五年にそれは「アコソンボ・ダム」として完成し、その後のガーナ経済の発展にとって強力な推進力となっていく。

EEC加盟失敗

南アフリカのコモンウェルス脱退や、女王のガーナ訪問問題で揺れ動いていた一九六一年、マクミラン政権はヨーロッパ問題でも悩まされていた。マクミランが首相に就いた直後の一九五七年三月、西ドイツ、フランス、イタリア、ベネルクス（ベルギー、オランダ、ルクセンブルク）の六ヵ国によって、「ヨーロッパ経済共同体（EEC）」発足のための条約がローマで調印された。それぞれが得意の分野を活かし、ともに経済発展を遂げていくという試みは、波に乗りつつあった。

発足当初これには加わらなかったイギリスは、北欧やスイスなどと「ヨーロッパ自由貿易連合（EFTA）」を一九六〇年に結成するものの、EECのような結束力も成果も示すことはできず、六一年七月、イギリス政府はEECに正式に加盟を申請した。新規に加盟するには、現加盟国すべてからの承認が必要である。ここでネックとなったのは、米英主導型の世界秩序の構築に反発を抱く、フランスのド・ゴール大統領だった。

マクミランの懸念はド・ゴールだけではなかった。彼にはさらに憂慮すべき存在がいたからだ。それはコモンウェルス諸国の首相たちである。イギリスがEECに加盟申請した翌一九六二年九月に、ロンドンでコモンウェルス諸国首相会議が開催された。ここで自治領諸国を中心にイギリスの加盟に反対する意見が噴出した。ニュージーランドのキース・ホリヨーク首相は、イギリスの加盟で自国のバターと羊肉が売れなくなると嘆いた。カナダのジョン・ディーフェンベーカー首相も自国の小麦の売れ行きを心配した。オーストラリアのロバート・メンジーズ首相はやはり自国産の牛肉や穀物、さらには工業製品に打撃が出ると、イギリスを非難した。

イギリスはこれらコモンウェルス諸国とも関税で条約を結んでおり、EECに加盟したとしても、これらの国々と折り合いをつけることが難しかった。とはいえ経済の落ち込みが見られるようになった現状では、是が非でもEECに入りたい。イギリスはEECに加盟を申請した一九六一年夏に、国際収支の悪化とポンド流出とに直面していた。それはIMF（国際通貨基金）から借款を受けてなんとか乗り切るほどのものだった。

ここで大事件が起きる。ソ連が、アメリカの目と鼻の先にあるキューバ（社会主義勢力圏）に核ミサイルを持ち込んだのである。いわゆる「キューバ危機」（一九六二年一〇月）で、マクミランは終始、ケネディの相談に乗り、米ソ核戦争の危機は回避された。

しかしソ連が今後何をしかけてくるかはわからない。一九六二年一二月に英領バハマのナッソーでマクミラン＝ケネディ会談が行われ、アメリカ最新鋭の核ミサイルがイギリスに供与されることに決まった。この取り決めが、イギリスを「アメリカによるヨーロッパ支配のためのトロイの木馬」にしていると糾弾したのがド・ゴールだった。翌一九六三年一月の年頭記者会見で、ド・ゴール大統領はイギリスのEEC加盟を拒絶した。

マクミラン首相の後継問題

一九六三年には、陸軍大臣が高級娼婦《しょうふ》に国家機密を漏洩《ろうえい》したのではないかとの疑惑まで生じ（プロヒューモ事件）、病身となったマクミランは首相を辞任する意向を固めていた。毎年恒例となっていたが、時の首相が女王の招きでスコットランドのバルモラル城に滞在した際、すでにマクミランは女王に秘《ひそ》かに打ち明けていたようである。

とはいえ今回の辞意はあまりに突然であった。イーデン辞任の際以上に、これといった後継者が定まっておらず、マクミランも「スエズ危機」のような致命的な失策をおかしたわけではない。いまだ保守党党首選挙がない状態では、今回の後継首班の選定は「マクミランによる禅譲」のような意味合いが込められていた。

そこで当時ロンドンのエドワード7世病院に入院中だったマクミランを、女王が見舞いに訪れることにした。君主が臣下の見舞いに来るなど滅多にないことだが、ちょうど懐妊中だった女王（翌一九六四年三月に生まれるエドワード王子）も、検査を兼ねての来院となった。ここで前立腺《ぜんりつせん》の手術を無事に終えた首相は、自らの後継首班候補として、外相のヒューム伯爵を女王に推挙した。女王としても、自らの戴冠式で「神聖性に対する公正の剣（第二の剣）」をかざしてくれた、昔馴染みのヒュームであれば信頼できた。

アレック・ダグラス＝ヒューム（1903～95）首相在任（1963～64）　15世紀にまでさかのぼるスコットランド貴族の名門の出身．14代目の伯爵であり，女王にとっては最も古い友人のひとり．戴冠式でも重要な役割を担った．バルモラルに毎夏滞在する女王とは，狩猟や犬の話でいつも盛り上がっていた．首相退任後に一代男爵に叙せられ，貴族院議員に復帰

ここにヒューム首相が誕生する。ただしこのときまでには、イギリス議会政治で「貴族院に籍を置く首相」は誕生できない状態となっていた。イギリスでは、日本などとは異なり、貴族院で発言できるのは貴族院議員だけ、庶民院で発言できるのは

庶民院議員だけである。もはや国政の中枢は庶民院にあり、これまでも二度（一九二三年・四〇年）、貴族院議員であるがゆえに首相に就任できなかった事例が見られるようになっていた。

ところがちょうどこの一九六三年に、「貴族法」が議会を通過しており、一代に限って爵位を放棄できる自由も認められるようになっていた。ヒュームは一四代も続く伯爵位を放棄し、サー・アレック・ダグラス＝ヒュームの名で補欠選挙から庶民院議員に当選し、ここに首相に就任することとなったのである。

しかし彼自身がもともと総選挙に慣れていないこともあり、イギリスの景気後退なども影響して、翌六四年一〇月に行われた選挙で与党保守党は労働党に僅差《きんさ》で敗北した。ここに労働党の党首で四八歳の若きハロルド・ウィルソンが政権を率いることになった。

なお、一九六三年一〇月のヒューム首相選出は、マクミランが「病院のベッドの上から支配」していたと党内外から批判を受ける結果となった。その結果、一九六四年一〇月総選挙での敗北を受けて、翌六五年七月から保守党にもついに党首選挙が導入されることになる。これ以後は、庶民院議員団により党首が選ばれていく。

対する労働党には、一九二二年からすでに党首選挙制度は導入されており、庶民院議員団によって毎年の党大会で選挙が行われていた。

保守党にも党首選挙が導入されたことで、君主が与党党首（首相）の選定にあたりこれに深く関与するような事態は、このののち二度と生じることはなくなったのである。

「英国病」とスエズ以東からの撤退

一三年ぶりに政権を奪回したウィルソンの労働党ではあったが、一九六〇年代後半にはイギリスは外交的にも経済的にもその影響力を一挙に衰弱させていく。国際収支の赤字が続き、国内では各地でストライキが頻発していた。一九六七年一一月に、ついにポンドが切り下げられ、金融引き締め政策がとられることになった。

また国際政治でも八方塞《ふさ》がりの状態が続いた。アメリカは、リンドン・ジョンソン政権になってからベトナム戦争を本格化させ、イギリスにも支援を要請したが、ウィルソンはこれを拒否した。以後、英米関係は再び悪化の一途をたどっていく。さらにコモンウェルスでは、先に見た南アフリカ共和国に続き、南ローデシア（南アフリカのすぐ北に位置する）でも人種差別政策を継続させていくため、完全独立とコモンウェルスからの脱退が宣言さ

ハロルド・ウィルソン（1916～95）首相在任（1964～70, 74～76）　労働党の政治家だったが，熱心な女王の支持者だった．人間的に女王とウマが合い，他の首相なら20～30分程度で終わる謁見も，2時間以上に及ぶことがままあった．76年3月の突然の引退表明も，女王の妹マーガレットの離婚発表を目立たなくするためだったと言われる

れた（一九六五年一一月）。

また、インドとパキスタンがカシミールをめぐって紛争に突入したが、かつての「宗主国」イギリスにはなす術《すべ》がなかった。

そのようなときに、ヨーロッパではEECが「ヨーロッパ石炭鉄鋼共同体」「ヨーロッパ原子力共同体」と統合され、「ヨーロッパ共同体（EC）」へと衣替えし、さらに結束を固めつつあった。ウィルソンはこれに加盟しなければイギリスの国際的な競争力はますます減退すると焦りを感じる。一九六七年にイギリスは再び加盟交渉に乗り出すが、またもやド・ゴール大統領からの「否《ノン》」で拒絶された。

ついにウィルソン首相は、すでに長年の懸案事項となっていた問題を議会に持ち出した。一九六八年一月、政府はペルシャ湾、マレーシア、シンガポールといった、スエズ以東に駐留するイギリス軍を三年以内（一九七一年一二月まで）に撤退させると表明したのである。もはやイギリスには、これだけの広範囲にわたって軍を置くほどの経済的な余裕などなかったのだ。イギリスが「大英帝国」と完全に訣別《けつべつ》した瞬間であった。

女王もこの政府の苦渋の決断に理解を示した。そればかりか、これまでイギリスの軍事力に頼ってきたスエズ以東の国々にも、イギリスの窮状を理解してもらわなければならない。一九七二年二月から、女王はシンガポール、マレーシア、ブルネイなどを公式訪問し、各国を治める旧知の指導者たちとの会見を重ね、彼らに理解を求めた。

いまやイギリスは、一九世紀以降のオスマン帝国さながらの「ヨーロッパの瀕死《ひんし》の病人」とまで揶揄《やゆ》され、日本では「英国病」などという造語まで飛び出すことになった。

テレビ番組制作

ポンドを切り下げたにもかかわらず、イギリス商品の売れ行きが世界中で伸び悩むなか、「イギリス王室」はその最大のブランド品となっていったのかもしれない。

一九六〇年代後半の世の中は、すでに「カラーテレビ」が普及する時代となっていた。これにすぐに目をつけたのが王室だった。女王の毎年恒例の「クリスマス・メッセージ」も一九六七年からはカラーテレビでの放映に切り換えられた。その反響が大きかったこともあり、女王はさらなる一歩を踏み出す。

一九六九年、女王はＢＢＣと提携して『王室一家《ロイヤル・ファミリー》』という一〇五分の特別番組を制作することにしたのである。それは女王の日々の公務の様子を紹介するとともに、夫フィリップや、いまや四人になっていた子どもたちの日常生活を伝える番組となった。

女王の戴冠式以来、王室は国民からの篤い支持や敬愛の上に築かれていることが、女王をはじめ王族や宮廷で働く者たちすべてに共有される認識となっていた。しかし景気悪化やインフレなどを理由に、イギリス各地でストライキが頻発し、国民生活も窮乏に瀕している。そのようなときこそ、王室が国民を激励し、鼓舞しなければならない。

六月二一日にBBCが最初の放送を行うと、国民からの反響はすさまじいものだった。一週間後には民間テレビ放送網のITVでも放送され、その後も視聴者からのリクエストに応じて何度も再放送されていく。年末までにはイギリス国民の七五％以上が見たとされる。

チャールズの大公叙任式

このテレビ放送とタイミングを合わせて執り行われたのが、「ウェールズ大公《プリンス・オブ・ウェールズ》」叙任式であった。

一四世紀初頭（一三〇一年）以来、イングランドの皇太子にはウェールズ大公の称号が与えられ、これまでに二一人の大公が叙せられてきた。女王自身も、一九五八年七月に長男チャールズを大公に叙すと発表し、以後は彼がこの称号で呼ばれるようになっていた。しかし女王としては、いずれ時機を見て、その叙任式を行いたいと考えていたのである。

中世以来行われてきた叙任式は、およそ三五〇年前の「チャールズ皇太子」となるが、のちの国王チャールズ1世（在位一六二五～四九年）が一六一六年にロンドンのホワイトホール宮殿で叙されて以来、実に三〇〇年近くも行われていなかった。この間、歴代の皇太子たちは君主による宣言だけで大公に叙されていたのだ。

これに風穴を開けたのが、二〇世紀初頭の自由党政権だった。当時は、アイルランドに自治権を与える問題で議会はもとより、イギリス全体が揺れ動いていた時代である。連合王国としての足並みを揃えるためにも、ウェールズの国民主義《ナショナリズム》もつなぎ止めておく必要があろう。そこでウェールズ出身の財務大臣デイヴィッド・ロイド＝ジョージ（のちの首相）が、自身の選挙区であり、イングランド国王が最初に自身の長男の大公位就位を宣言したゆかりの場所であるカーナヴォン城で、中世さながらの叙任式を行うことを提唱する。

　時の国王ジョージ5世は、この進言を聞き入れ、自らの戴冠式（六月二二日）から一ヵ月も経っていない、一九一一年七月一三日に大公の叙任式を執り行う。その大公こそが、リリベットを実の娘のように可愛がってくれた「デイヴィッド伯父さん」こと、のちのエドワード8世であった。

チャールズ皇太子の叙任式，ウェールズのカーナヴォン城で，1969年７月１日　左から女王，皇太子，エディンバラ公

　もちろん、当時まだリリベットはこの世に生を享《う》けていなかったが、のちに伝え聞いたデイヴィッド伯父さんの叙任式の様子を、当時の史料をもとに再現させることにしたのである。チャールズの叙任式は一九六九年七月一日と決ま

った。場所はもちろん、五八年前と同じ、カーナヴォン城の中庭である。

ルイス・オスマンが現代的な大公の冠をデザインするなど、儀式の準備も着々と進められる一方で、チャールズ自身は一九六九年四〜六月にウェールズ西部のアベリストゥイスにあるユニヴァーシティ・コレッジの夏期講座で、ウェールズ語とウェールズ史をしっかりと学んでいった。

式典当日は天候にも恵まれた。城の中庭が飾りつけられ、特製の天幕も張られ、数千人の人々が見守るなか、チャールズに冠が被せられ、大公は母王の手を握りながら忠誠を誓った。貴賓席には、イギリス王族に混じって、アメリカ合衆国大統領リチャード・ニクソンの長女トリシア（チャールズより二歳年上）の姿もあった。

式典の一部始終はBBCのテレビによって実況中継され、世界中で実に五億人もの人々が見たとされる。終始緊張気味であったチャールズも、式典が終わって両親と馬車で市内を通り過ぎる頃には、笑顔で沿道の人々に手を振るようになっていた。

こうして王室は「テレビの時代」に巧みに対応し、この年の「クリスマス・メッセージ」は行われずに、一二月二五日の午後は、『王室一家』とこの『ウェールズ大公叙任式』の模様が放送された。国民の多くがクリスマスの家族団欒のひとときを、「王室」とともに過ごすこととなったわけである。

交戦国との和解——恩讐を越えて

エリザベス女王が、一九六〇年代に政府とともに進めた外交政策のなかに、「戦後和解」があげられよう。第二次世界大戦で敵味方に分かれ激しい死闘を演じた相手国と、戦後になってからまさに「恩讐《おんしゅう》の彼方に」再び和解を遂げていくものである。

第Ⅰ章でも論じたとおり、第一次世界大戦以降の「総力戦」の時代になってから、戦争は相手国の指導者だけではなく、その国の人間や文化のすべてに対する憎悪をも煽るようになっていた。第一次世界大戦中も、西部戦線に派遣される兵士たちの戦死が増えるにつれ、イギリス国内ではドイツ語もドイツ文化も「御法度《ごはっと》」となった。

それまでヴィクトリア女王やエドワード7世によってドイツ系の王侯たちに与えられていたガーター勲章は剝奪《はくだつ》された（一九一五年五月）。ガーター勲章とは一三四八年に創設されたイングランド最古の騎士団に由来し、現在ではイギリスで最高位の勲章である。

さらにヴィクトリア女王の夫君アルバート公の家系から名乗っていたドイツ系の王朝名（サックス・コーバーグ・ゴータ）も、中世以来この国の王家にゆかりの深い城下町の名を取って「ウィンザー王朝」と改められたほどであった（一九一七年七月）。

第二次世界大戦でも同様の現象が見られた。一九四〇年六月に、イタリアがイギリスに宣戦布告するや、当時の国王ヴィットリオ・エマヌエーレ3世のガーター勲章は剝奪され、ウィンザーのセント・ジョージ礼拝堂に飾られていた受章者の紋章旗《バナー》は引きずり下ろされることになった。結局、大戦終結後（一九四六年六月）に行われた国民投票の結果、イタリアは王制を廃止し、共和国へと転じていった。

そのイタリアから国賓が初めてイギリスを訪れたのは、戦後一三年を経過していた一九五八年五月のことだった。当時の共和国大統領ジョヴァンニ・グロンキが女王の招きに応じて訪英し、国民からも歓呼をもって迎えられた。その三年後（六一年五月）に女王もローマに答礼訪問を果たし、ここに戦後の英伊の新たなる関係が始まった。

しかし、第二次世界大戦でも国民のあいだに直接的に対決した記憶が浅いイタリアとは異なり、ドイツに対する嫌悪はいまだイギリスでも根強かった。ロンドンやその他の都市へのたび重なる空爆で被害を受けた人々が大勢いたからである。

グロンキ大統領訪英と同じ、一九五八年の一〇月に西ドイツからテオドール・ホイス大統領が国賓として迎えられた。しかし女王と同じ馬車に乗ってヴィクトリア駅からバッキンガム宮殿へと向かうホイス大統領に対し、沿道の市民たちはほとんど歓声も上げずにそれをじっと見つめているだけであった。

こうした国民感情も反映して、女王による西ドイツへの答礼訪問は、イタリアに遅れること四年後の、一九六五年五月となった。それはドイツ軍の降伏からちょうど二〇年後のことである。戦後二〇年を迎えて、英独の本格的な戦後和解を進めていこうという機運に達したということか。これ以降は、英独双方の国家元首による相互訪問も頻繁に行われるようになっていく。

日本との和解

より複雑となったのが日本であった。イタリアもドイツも、戦後はまったく異なる政治体制を採っていた。しかし日本では、憲法は新たに作られ、男女普通選挙権に基づく民主政治《デモクラシー》の時代が始まったとはいえ、「国家元首」に相当する存在は、憲法では「象徴」と位置づけられた天皇だったからである。日本は二〇世紀の二度の世界大戦を経て、敗戦国のなかで唯一、君主の存在を維持した国だった。

このためイギリスが「戦後和解」を進めていく相手は、日常の政治業務のうえでは戦後の新たなる歴代政府となるが、国賓同士の相互訪問ともなると、一九二六年から在位していた昭和天皇となったのである。

サンフランシスコ講和条約(一九五二年四月発効)により、戦後の日英は正式に友好関係を再開させた。しかし、ドイツやイタリアと同様に、しばらくは首脳同士の交流は始まらなかった。それも一九六〇年代に入り、新たな風が吹くようになる。

日英開戦から二〇年の時を経た一九六一(昭和三六)年一一月、女王の従妹《いとこ》(亡父ジョージ6世の弟ケント公爵の長女)にあたるアレキサンドラ王女が、イギリスの王族として戦後初来日を果たした。皇室も政府も王女を「国賓」待遇で大歓迎した。皇居でも首相官邸でも盛大な晩餐会が行われ、日英関係もようやく新たな時代に入る。

王女が帰国した直後、昭和天皇からの要望というかたちで、イギリス政府に打診がなされた。今回の王女の訪日への答礼として、エリザベス女王に是非とも日本の最高位の勲章である大勲位《だいくんい》菊花《きっか》章頸飾《しょうけいしょく》および大勲位菊花大綬章《だいじゅしょう》を贈呈したいというのだ。その「勅使」としては、イギリスで生まれ、日英交流にも長年貢献してきた天皇の弟秩父宮《ちちぶのみや》の未亡人である勢《せ》津子《つこ》妃を充てることも決まった。翌一九六二年七月に秩父宮妃の訪英が叶《かな》い、天皇からのプレゼントとして女王に大勲位が贈られた。

こうして日英の王（皇）室同士の交流も本格的に始まった。先にも記したとおり、一九六〇年代後半になると、イギリス経済は低迷期に入り、逆に日本は高度経済成長期に突入していた。日本にもイギリス製品をどんどん買ってもらわなければならない。

一九六九年には駐日イギリス大使館の奔走により、「英国フェア69」が東京の国立劇場を舞台に開催されることになった。その「目玉」としてフェアにお迎えする主賓に決まったのが、女王の妹マーガレット王女だった。九月に来日したマーガレットは、天皇からも歓待を受けた。彼女のおかげで、フェアでは特に「英国王室御用達」の商品が飛ぶように売れたと言われる。フェア自体も大成功に終わった。

そしてついに日英両国の交流は、双方の国家元首の相互訪問というかたちで頂点を迎える。まずは昭和天皇の番であった。イギリス国民からすれば、日本はドイツよりはるか東方に位置し、世界大戦での傷跡も濃くはないと日本では思われがちである。しかし一九四二年にシンガポールが陥落した後、東南アジアで捕虜となったイギリス兵に対する日本軍の「虐待行為」は、戦後になってからも忘れられることはなかった。

昭和天皇の訪英は、一九七一（昭和四六）年一〇月五〜七日の三日間と決まった。しかし日程が発表されるや、日本軍に捕虜にされた経験のある旧軍人やその家族らから「ヒロヒト訪英」に激しく反対する動きも現れた。彼らは、ヴィクトリア駅からバッキンガム宮殿に女王と一緒に馬車で向かう天皇に、上着を投げつけたり、罵詈雑言《ばりぞうごん》を浴びせていた。

他方で、昭和天皇の訪英にあたり、日英両国の宮廷並びに外務省のあいだで調整が図られたのが、「ヒロヒトのブルーリボン（ガーター勲章の愛称）」だった。昭和天皇は一九二九（昭和四）年にジョージ5世からガーター勲章を授けられた。しかしそれから一二年後の日英開戦により、先に見たイタリア国王と同様に、セント・ジョージ礼拝堂の紋章旗は引きずり下ろされ、ヒロヒトの名誉は剝奪されていた。

しかし彼は、第一次世界大戦後のドイツ皇帝や、第二次世界大戦後のイタリア国王とは異なり、戦後も「和解」の担い手となった。当時の駐日イギリス大使サー・ジョン・ピルチャーの言葉を借りれば、昭和天皇は「比類のない存在」であった。

昭和天皇とエリザベス女王，女王主催の晩餐会で，1971年10月5日　昭和天皇は欧州７ヵ国を訪問．イギリスに３日間滞在．昭和天皇への複雑な感情が残るなかでの訪英だった

一九六一年のアレキサンドラ王女訪日の際、すでにイギリス側が日本側に許可していたことから、宮中晩餐会の席に昭和天皇はガーター勲章を佩用《はいよう》して出席していた。それから一〇年後、今度は天皇自身が訪英するにあたり、女王の許可を正式に取りつけて、「ヒロヒトのブルーリボン」は復活することになった。一九七一年五月二二日、天皇訪英を五ヵ月ほど後に控え、朱色の地に黄色の菊の紋所をあしらった紋章旗が、セント・ジョージ礼拝堂に厳かに取りつけられた。

そして一〇月五日の午後八時半から、バッキンガム宮殿では盛大な晩餐会が開かれた。燕《えん》尾服《びふく》にホワイトタイで臨んだ昭和天皇の左胸にはガーター勲章の星章《スター》が、さらに左肩から右腰にかけてはその鮮やかな青色の大綬章《サッシュ》がキラキラと輝いていた。女王自身は九年前に授与された大勲位菊花大綬章を佩用し、日本を訪れていた従妹のアレキサンドラ王女と妹のマーガレット王女は女性用の最高位である勲一等宝冠章を着けて現れた。

一三四八年に制定されて以来、ガーター勲章六七〇年の歴史のなかで、一度剝奪された名誉が復活した事例は、この昭和天皇ただひとりである。

ただしその日の晩餐会のスピーチでは、日英両国の歴史に暗い影を落とした「戦争の記憶」についてはしっかりと触れていた女王であった。自身も参戦した第二次世界大戦で被害を受けた人々に対する気遣いは決して忘れていなかったのだ。

それから四年後の一九七五（昭和五〇）年五月、エリザベス女王と夫フィリップ殿下の姿は東京にあった。それはイギリスの君主として初の訪日であるとともに、ドイツに遅れること一〇年でようやく果たした「旧敵国」との戦後和解の最後の訪問地となった。

第Ⅲ章　コモンウェルスの女王陛下――一九七〇～八〇年代

CHOGMの形成

昭和天皇夫妻がイギリスを訪問した一九七一年の一月、その日本がかつて第二次世界大戦中に占領したシンガポールで、コモンウェルス諸国首脳会議（Commonwealth Heads of Government Meeting：略してCHOGM）が開催された。

それは戦後も四半世紀にわたり、相変わらずイギリスを頂点とするピラミッド型の上下関係が続いた旧英連邦が、メンバー国のすべてが平等の立場となる長方形型の「コモンウェルス」へと真の意味で衣替えした後の、初めての首脳会議でもあった。

このときの加盟国は三二ヵ国。コモンウェルスに加盟することは、加盟国相互で民主主義と人権擁護の原則が守られているかを監視しあえるだけでなく、過剰な人口増加、貧困、債務負担、環境悪化などに苦しむ加盟国に積極的に手を差し伸べ、さらに将来を担う青少年の育成のため、留学生交換・奨学金プログラムが充実しているなどで大きなメリットもあった。

「七つの海を支配する大英帝国」が、世界中に拡がる帝国各地の首脳を集めて会議を開いた端緒《たんしょ》は、一八八七年にまでさかのぼる。その年、在位五〇周年記念式典《ゴールデン・ジュビリー》を執り行ったヴィクトリア女王の慶事に集まった、植民地の首相たちが会議を開いたのである。

しかし二〇世紀前半の二度の世界大戦を経て、大英帝国は溶解した。それまではカナダやオーストラリアなど白人移民系の植民地（いずれも二〇世紀半ばまでに自治領《ドミニオン》）が主流を占めていた「英連邦（British Commonwealth）」という枠組みから「英（British）」の文字が消え、一九四九年からは「旧英連邦（Commonwealth）」へと改組が進んだ。その二年前にインドとパキスタンが独立を果たし、非白人系が主体の国も次々と加盟してきたからである。新生コモンウェルスの「首長《ヘッド》」にはイギリス国王ジョージ6世が収まった。

その国王が三年後の一九五二年に亡くなると、エリザベス女王はイギリス（およびこれに付随する諸国・地域）君主の地位は引き継いだが、コモンウェルスの首長に誰が就くかについては未定だった。ここに登場したのがコモンウェルスで最大の人口を擁するインドの首相ネルーだった。「女王陛下をコモンウェルスの首長にすべきである」。これに異論を差し挟む者などいなかった。

一九五二年一二月に女王は正式に「コモンウェルスの首長」を宣言した。翌五三年にはイギリス議会で「王室称号法」が成立し、「コモンウェルス参加国相互の間に存在する既存の国制的な関係をより明確に反映し、君主をその自由な連合体の象徴、コモンウェルスの首長として認める」ことが正式に決まった。さらにその年の六月の戴冠式の折には、ロンドンに集まった自治領と独立国の首脳八名により初会合が開かれ、今後も定期的に会合をもって相互に結束を強めることを誓い合った。

その後も、主にはアジア・アフリカで次々と独立国が誕生し、その多くがコモンウェルスに加盟する。八ヵ国でスタートしたこの類い稀なる共同体は、二〇二〇年現在五三もの加盟国を有している。このうち、女王自身が国家元首を務める「英連邦王国（Commonwealth realm）」は一六ヵ国となる。残りの大半（マレーシア、ブルネイ、トンガやエスワティニなど王国を除き）は自国の元首（大統領）を国民投票などで選ぶ共和制の道を歩んだ。

非白人系の植民地、とりわけアフリカや南太平洋の国々を英連邦王国ではなく、独立の共和国として切り離した背景には、イギリス本国の外務省や植民地省の高官たちにいまだ色濃く残っていた「帝国意識」があった。「アフリカの湿地帯に棲息《せいそく》する未開地の人間に、われわれイギリス人が女王陛下に期待する洗練された役割について理解させることなど、どう望めようか？」とは、自治領省のある高官が実際に残した言葉である。

たしかに独立を果たしたアフリカ各地では、その後も政争や紛争が絶えなかった。こうした不安定な政治状況のなかに「女王陛下」を巻き込むわけにはいかない。アフリカ大陸でイギリスから独立した一六ヵ国はすべて「女王陛下」から切り離された。しかしこうした高官たちの抱く「帝国意識」とは裏腹に、女王自身は「人種偏見《カラー・ブラインド》のない」態度で、世界各地の首脳や人々に平等に接していった。

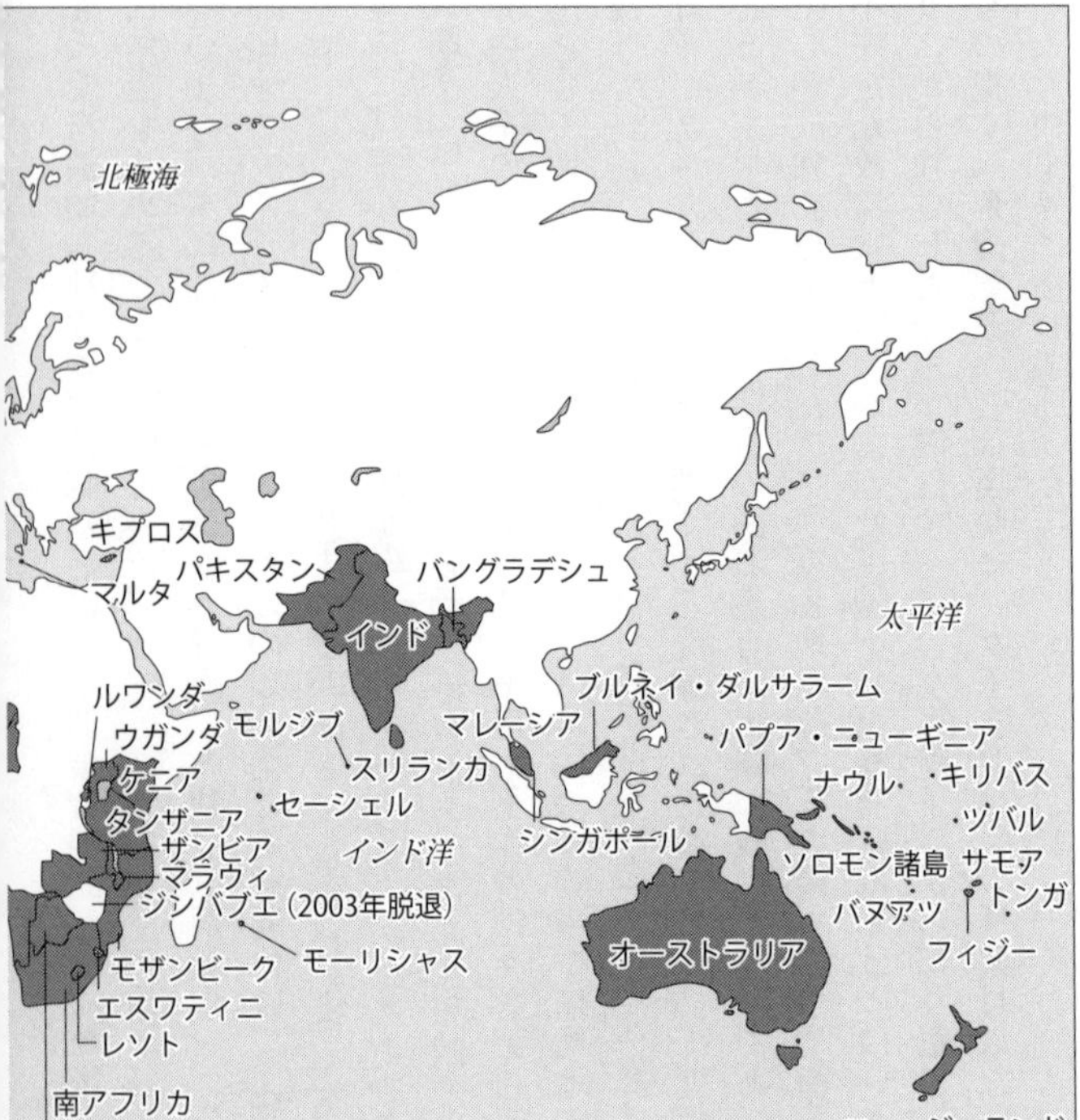
北極海
キプロス
マルタ
パキスタン
バングラデシュ
インド
太平洋
ルワンダ
ウガンダ
ケニア
タンザニア
ザンビア
マラウィ
ジンバブエ(2003年脱退)
モザンビーク
エスワティニ
レソト
南アフリカ
ボツワナ
モルジブ
スリランカ
セーシェル
インド洋
モーリシャス
マレーシア
シンガポール
ブルネイ・ダルサラーム
パプア・ニューギニア
ナウル
キリバス
ツバル
ソロモン諸島
サモア
トンガ
バヌアツ
フィジー
オーストラリア
ニュージーランド
南極海
コモンウェルス加盟国
注：元加盟国のアイルランド共和国，ジンバブエについては，脱退年を示した

コモンウェルス／英連邦（2020年現在）

出典：小川浩之『英連邦』（中公叢書，2012年）を基に著者作成

コモンウェルスの第二代事務局長ソニー・ランファル（南米ガイアナ出身）は、女王のこうした公正な姿勢に加え、彼女が「イギリス」を超越した存在として、イギリス政府にはできない外交交渉や政治関与を実現でき、さらに首長として君臨し続けることで、コモンウェルス内で問題が起こった場合にも、長年の経験と指導者たちとの信頼関係によってそれを修復してくれる機能を果たすと指摘している。

当の女王にとっても「コモンウェルス」は特別な存在であり、一九六五年には王室所有のマールブラ・ハウス（ロンドン）をコモンウェルス事務局に貸し出した。事務局長室は彼女が愛した祖母メアリ太皇太后が息を引き取った思い出の部屋でもある。第五代事務局長カラメシュ・シャルマ（インド出身）は語る。「女王の関与がコモンウェルスを家族のような、きわめて特別な共同体にしている」。

こうしたコモンウェルスに対する女王の思いは、皮肉なことに国際政治におけるイギリス自体の地位が相対的に衰退するとともに、ますます強くなっていく。前章でも見たとおり、一九六八年一月にイギリスはスエズ以東からの軍事的撤退を表明した。それまでは「コモンウェルス首相会議」もイギリスの都合が最優先されて開かれ、しかも開催場所はロンドンと決まっていた。この「帝国意識」も改善される時がきていた。

一九七一年からは、加盟国が輪番制でホストとなって「首脳会議」（前記のとおり、加盟国の多くが「首相」ばかりではなく「大統領」を擁するようになり、名称も変更となった）を開催し、それもイギリスの都合など関係なく、二年に一度ずつの定期的な会合とすると決まった。その栄えある第一回のCHOGMがシンガポールで開催されたのである。

ところが、その会議の場に女王の姿はなかった。肌の色や宗教、文化の違いに関係なく、コモンウェルス加盟国が真の意味で平等であることを示したシンガポールでの会合には、女王自身が最も出席したがっていたに違いない。いったい何があったのか。

EC加盟交渉とヒースとの確執

実はこのとき女王の首脳会議出席を阻止した人物がいた。時の保守党政権のイギリス首相エドワード・ヒースである。

エドワード・ヒース（1916～2005）首相在任（1970～74）
船旅とクラシック音楽をこよなく愛する趣味人．自身がオーケストラの指揮者を務めてレコードを出すほどの腕前でもあった．しかし女王とはコモンウェルスへの対応やEC加盟に伴う外交儀礼，政府による稚拙な経済政策のあり方などをめぐって，しばしば衝突した

「英国病」などと言われて久しくなったイギリス経済を立て直すには、EC（ヨーロッパ経済共同体〔EEC〕とヨーロッパ石炭鉄鋼共同体、ヨーロッパ原子力共同体の総称として一九六七年から「ヨーロッパ共同体」となった）への加盟を果たす以外にない。ヒース首相は、

一九七〇年の就任当初からそう強く望んでいた。ここに大きな障害が立ちはだかった。ほかならぬコモンウェルスの首脳たちである。

前章でも論じたが、先にマクミラン保守党政権がEECへの加盟申請を行うや、これに真っ向から反対してきたのが、自国の食料品や工業製品の輸出が打撃を受けることを懸念したカナダ、オーストラリア、ニュージーランドの首相たちであった。一九六二年九月のコモンウェルス首相会議で彼らの説得に奔走したのが、マクミラン首相と彼の下でEEC加盟担当の閣僚を務めていたヒースその人だった。首相会議では不満を爆発させる各国の対応に追われて疲弊《ひへい》し、しかも翌年早々にはド・ゴールによる「否《ノン》」で加盟にも失敗したヒースは、コモンウェルスをあからさまに嫌うようになっていた。

最初の加盟失敗から七年の歳月が経ち、イギリス経済はさらに悪化している。今回は是が非でもEC加盟にこぎ着けなければならない。そのような矢先に、さらに他の加盟国が発言権を増しているCHOGMの開催である。首脳たちは再び不満をぶつけてくるに違いなく、その不満を女王に訴えるに決まっている。ヒースは女王がコモンウェルスを愛していることを十分知っていたし、それ以上に彼女が加盟国の情報をイギリスの外相以上につかんでいることもわかっていた。女王はカナダやオーストラリアの女王でもあり、各国から届く情報に関してはイギリス首相でも及ばなかった。

EC加盟申請を控えたこの時期に、女王にシンガポールへ行ってもらっては困る。首相は執拗《しつよう》に女王に首脳会議への「欠席」を要請した。女王自身は、コモンウェルスの首長としての立場からすれば、CHOGMへの出席についてイギリス首相からあれこれ言われる筋合いはない。しかし彼女はもはやヴィクトリア女王でもなければ、ジョージ5世でもなかった。かつては「大英帝国」という括《くく》りのなかで君臨できたイギリスの君主は、いまや英連邦王国の君主でもあり、コモンウェルスの首長でもある。この三つの立場の間で板挟みになることも多々あった。

度重なる国賓対応と伯父の死

女王と首相が正面から衝突することは避けなければならない。このときは女王が折れた。女王がCHOGMを欠席すると聞いて、加盟国の首脳たちは大いに落胆した。

しかしヒースの勘は的中した。シンガポールでヒースは集まった首脳たちから集中砲火を浴びることとなった。ただしその議題はイギリスのEC加盟問題というより、イギリスがいまだにアパルトヘイトを死守する南アフリカ共和国に大量の武器弾薬を輸出していることに対する非難であった。その急先鋒《きゅうせんぽう》は、ザンビアのケネス・カウンダ、タンザニアのジュリアス・ニエレレ、ウガンダのミルトン・オボテといった黒人大統領たちだった。

這々《ほうほう》の体《てい》でシンガポールから逃げ帰ったヒースは、EC加盟諸国とのねばり強い交渉も功を奏して、一九七二年一月ついにブリュッセルのEC本部で条約に調印し、イギリスの加盟を実現させる（七三年一月発効）。

その直後に、女王はマレーシア、シンガポール、ブルネイ、タイなど、東南アジア諸国歴訪の旅に出かけた。シンガポールでは、長年の友人で「独立の父」でもあるリー・クアンユー首相と親しく会見し、前年のCHOGMに出られなかったことを心から詫《わ》びている。

ところが東南アジアから帰国後早々に、女王はすぐさま別の外交の表舞台に立たなければならなくなった。このたびのEC加盟にあたり、これを快く受け入れてくれた原加盟諸国へのお礼の接遇である。

四月には、オランダからユリアナ女王が夫君ベルンハルト殿下を伴ってウィンザー城を訪れた。六月には、ルクセンブルクのジャン大公夫妻が訪英した。さらに一〇月には、西ドイツのハイネマン大統領夫妻までやってきた。通常は、王室や政府の負担が大きくまた費用もかさむ「国賓による公式訪問（state visit）」は一年に二組が限界である。ところが、この年は政府も大盤振る舞いをしたのであろう。同じ地域（ヨーロッパ）から三組の国賓を招いて接遇したのはこの年だけである。

しかもオランダ女王とルクセンブルク大公を接遇した合間の五月には、女王夫妻はパリを訪れていた。イギリスのEC加盟を実現できた最大の要因は、ド・ゴール退陣後に大統領に就任したジョルジュ・ポンピドゥーの尽力があったおかげである。政府からの要請に女王もフランスへの訪問を快く引き受けた。

この訪問には女王はエディンバラ公とともに、チャールズ皇太子も同伴させ、パリ郊外に住む老夫婦のもとを訪れた。デイヴィッド伯父さんこと、ウィンザー公爵夫妻である。この二人の「王冠を賭けた恋」がなければ、今頃はまったく違う人生を歩んでいただろう。女王の脳裏にはあるいはそのような思いが去来したかもしれない。末期の肺ガンに冒されていた老公は、「リリベット」訪問からわずか一〇日後の二八日に息を引き取った。享年七七。「エドワード8世」の遺体はその三日後にイギリスへと運ばれ、ウィンザーのセント・ジョージ礼拝堂で葬儀が営まれた後、すぐ近くのフロッグモア王室墓地に葬られた。それから一四年後に妻ウォリスも亡くなり、二人はいまも寄り添うようにここに眠っている。

EC加盟のなかの気遣い

一九七二年という年は、イギリスにとってはまさに「ヨーロッパの年」であった。EC加盟を実現したヒースは得意の絶頂にあったことだろう。しかし翌七三年には、もう次のCHOGMの開催が迫っていた。今度はカナダのオタワでの会合である。出席してもどうせまた南アフリカ問題で攻められるに決まっている。ヒースは参加する前から気が重かった。それと同時に再び女王の参加を阻止しようと画策したが、今回ばかりはうまくいかなかった。一九七二年一二月二九日に、女王はチャータリス秘書官を通じて、ヒース首相にオタワでのCHOGMに出席する旨を伝えさせた。女王の意気込みに首相も引き下がった。

その四日前の一二月二五日午後三時。女王は恒例の「クリスマス・メッセージ」を放映した。そこには、一九七三年一月一日のEC加盟を目前に控え、イギリス全体が「ヨーロッパ」に目を向けているかのように思われるなかで、女王自身は「コモンウェルス」を気遣っていることを強調するような内容も含まれていた。

イギリスはヨーロッパ共同体の隣人たちの輪に加わろうとしています。それがコモンウェルスにどのような影響を及ぼすか心配されている方も多いことでしょう。ヨーロッパとの新たなる絆がコモンウェルスとの絆に取って代わるわけではありません。それが海外にいる親類縁者や友人たちとの歴史的・個人的な関係を変えるはずもありません。われわれは古い友人を失うわけではないのです。イギリスはコモンウェルスとの絆をヨーロッパへと参入させるのです。イギリスも他のヨーロッパ諸国も、この共同体のなかに将来への新たなる機会を見出そうとしているのです。ヨーロッパは共同で動くことこそが、分裂しているよりもずっと重要であると信じているのです。そしてヨーロッパがともに進むことができれば、それは世界全体にとっても利益となるでしょう。

女王陛下の来日

必死の思いでECのメンバーになったイギリスではあったが、その年（一九七三年）の秋には第四次中東戦争に伴う「石油危機《オイル・ショック》」に直面し、景気は再び後退した。翌一九七四年二月に議会は解散され、総選挙が行われたが、与党保守党が二九七議席、野党労働党が三〇一議席とわずかながらも労働党が勝利を収めた。こののちヒース首相は自由党（一四議席獲得）との連立交渉に入るが失敗し、ここにウィルソンが再び政権を獲得する。

とはいえ労働党も「少数党政権」にすぎない。予算案や数々の法案を通すには、議会内での過半数は欲しい。女王がデンマーク（四～五月）、マレーシア（七月）歴訪の旅を終えた後、ウィルソン首相は解散・総選挙の許可を女王から取りつけた。同じ年に二度の総選挙という、一九一〇年以来の異例の事態の結果、労働党は過半数（三一九議席）を制し、保守党（二七七議席）に対しさらに優位に立つこととなった。

イギリス政治の混迷が明けた翌一九七五年の五月七日、エリザベス女王とエディンバラ公の姿は遠く極東の地、この日本にあった。淡いライラック色の帽子とコートに身を包む女王は、この日の午後に羽田空港に降り立った。空港には宮澤喜一《みやざわきいち》外相らが出迎えに訪れていた。そのまま赤坂の迎賓館に向かい、ここで昭和天皇と三年半ぶりの再会を果たした。イギリスの君主が日本を公式に訪れたのはこれが初めてである。

その日の午後八時からは皇居で宮中晩餐会が開かれた。さらに翌八日には、経済四団体主催の午餐会と三木武夫《みきたけお》総理主催の晩餐会に出席した。美しい女王はどこへ行っても大人気だった。九日の午前中、女王夫妻は神奈川県保土ヶ谷《ほどがや》にある英連邦戦死者墓地へと向かった。

今回の女王を筆頭に、こののちイギリスの王族が来日する際には、必ずここを訪れて英霊たちに花輪を手向けるのが習慣となった。

靖国神社か、千鳥ヶ淵墓苑か

ここで女王の来日前から日本国内を騒がす問題が持ち上がった。女王が英連邦の英霊を慰めるのはもちろんのことであるが、彼女は同時に日本の戦没者の慰霊も行いたかったのである。ロンドンに国賓が訪れたときにはウェストミンスター修道院の無名戦士の墓に詣《もう》でるし、女王自身もパリのエトワール凱旋門下の無名戦士の墓や、ワシントンDC郊外のアーリントン墓地の無名戦士の墓に詣でて、各国の英霊たちに敬意を表してきた。

日本でこれに相当するのは靖国神社ということになるが、これには国会内外から反発があがった。それでは身元不明の戦死者を祀《まつ》る千鳥《ちどり》ヶ《が》淵《ふち》墓苑《ぼえん》ではどうかと政府は検討するが、今度は靖国神社への参拝を主張する側から圧力がかかった。そこで日本の内情に詳しい者と相談のうえ、女王は伊勢神宮への訪問を打診する。女王の訪日の日程には京都訪問も含まれており、その際に伊勢に立ち寄るというわけである。

すると今度は、「エリザベス女王が靖国神社に公式に参拝するのであれば、政教分離の原則を定めた日本国憲法の精神に反する。伊勢神宮についても同様である」との声が日本国内からあがった。こうした状況はすぐさまイギリスにも伝えられ、女王訪日より一ヵ月前の四月初旬には、『タイムズ』や『ガーディアン』など主要各紙が「無名戦士の墓への訪問が政治的・宗教的問題が絡むため、女王訪日日程から外された」と報じた。

最終的には、女王は靖国神社にも千鳥ヶ淵墓苑にも行かずに、伊勢神宮を訪れることに決まった。イングランド国教会の首長でもある女王は、伊勢を訪れても「みそぎやお祓《はら》いなどは受けず」公式参拝というかたちを取らずに、予定を進めることにしたのである。この決定に国内外のマスメディアも政界、宗教界もとりあえずは落ち着くこととなった。

ところが一難去ってまた一難である。女王による関西訪問は五月一〇日からとなったが、まるでそれにぶつけてくるかのように、国鉄労働組合がストに突入したのである。おかげで京都までの新幹線が動かないこととなった。新幹線への搭乗を楽しみにしていた女王はがっかりしたが、そこは史上初めて労働運動や労働組合が誕生した国の君主である。「労働者たちの権利を最優先させるべき」と考えて、女王専用機で大阪まで行くと日本側に伝えた。政府もこれでひとまずは安心した。

無事に京都に到着すると、女王は仙洞御所《せんとうごしょ》や桂離宮《かつらりきゅう》などを見学し、翌一一日には伊勢神宮を訪れた。さらに鳥羽《とば》の真珠島も廻って、美しい真珠の数々に魅了された。この翌日には国鉄のストライキも終了し、女王夫妻は帰り道の名古屋から東京までは念願の新幹線に乗車することが叶った。女王は定刻通りに出発し、定刻通りに目的地に到着する新幹線の精確さに目を見張ったと言われる。

心に残った昭和天皇の言葉

この東京への帰路のさなかに、今回の女王訪日を儀典長として取り仕切った内田《うちだ》宏《ひろし》が、今回の訪問で最も印象深かったことについて女王に質問している。すると彼女はすかさず「それは陛下〔昭和天皇〕にお目にかかり、教えを受けたことです」と答えている。「立憲君主とは何か」を伝えるきわめて大切な言葉でもあるので、少し長くなるがここに引用したい。

女王は孤独なものです。重大な決定を下すのは自分しかいないのです。そしてそれから起こる全責任は自分自身が負うのです。法律的には色々な免責その他の方途はあるかもしれませんが、女王として道義的に負う責任に変わりありません。私には数多くの助言者がおります。私の夫はその最たるものです。そして王室関係者、政府関係者が献身的に、責任を持って事にあたってくれます。心から感謝しています。しかし歴史に裁かれるのは私であると覚悟しております。この立場が分かっていただけるのは、ご在位五〇年の天皇陛下しかおられません。私も在位二三年でかなり長いのですが、陛下は私の倍以上です。戦争と平和を国民とともに歩まれた方ですので、この陛下のお言葉から、私は私自身にも分からない将来のことについて教えられることが多いでしょうし、自分が教えを受けられるのはこの方しかいないと信じて、地球を半周して来たのです。十分報われました。陛下のひと言一言に、私は多くの、そして深いものを感じました。感謝で一杯です。

（『皇室』第四七号、扶桑社、二〇一〇年、三四〜三五頁）

宮中晩餐会での昭和天皇とエリザベス女王，1975年5月7日　イギリス君主の初の訪日だった

かつて昭和天皇自身も、皇太子時代の二〇歳のとき（一九二一年）に訪英し、女王の祖父ジョージ5世から「立憲君主とは何か」を様々なかたちで学んでいた。それは半世紀後（一九七一年）に天皇として訪英した折に、バッキンガム宮殿での晩餐会での「おことば」でも触れられた。さらにその後の日本での記者会見（一九七九年）でも、皇太子時代の欧州訪問で最も印象に残っていることとして「イギリス王室を訪問したこと」を真っ先にあげ、「キング・ジョージ5世が、ご親切に私に話をした。その題目は、いわゆるイギリスの立憲政治の

ありかたというものについてであった。その伺ったことが、そのとき以来、ずっと私の頭にあり、つねに立憲君主制の君主はどうなくちゃならないかを終始考えていた」という発言からも明らかであろう。

ジョージ5世から学んだヒロヒトが、今度は孫のリリベットに「立憲君主制の極意」を教授するという姿は、女王の言葉にもあるとおり、孤独な君主自身にしかわからないことであると同時に、戦争で一度は傷ついたにもかかわらず、日英の皇室・王室間の絆が半世紀以上にもわたって脈々と続いていることをも語っていると言えよう。

在位二五周年記念《シルヴァー・ジュビリー》と閣内の反対

日本から帰国した女王は、昭和天皇の姿を見てあらためて「立憲君主」としての存在について強く自問したのかもしれない。二年後に控えた自身の「在位二五周年記念《シルヴァー・ジュビリー》式典」を国民とともに大々的に祝いたいと、女王はウィルソン首相に伝えた。ウィルソンはこれに大賛成だったが、ジェームズ・キャラハン外相（翌一九七六年四月から首相）やロイ・ジェンキンズ内相といった閣内の重鎮たちが難色を示していた。

当時は石油危機の煽りを受けて、相変わらずイギリス経済は停滞し、街には失業者も溢れていた。また、後述するが、北アイルランド問題をめぐる紛争が続き、テロも横行していた。こうした不穏な世相は実は王室にも影響を及ぼしていた。

一九七四年三月二〇日の午後七時三〇分、バッキンガム宮殿の目の前にある大通りザ・マルで、女王の長女アン王女夫妻が乗った公用車が突然銃を持った一群に襲われたのである。犯人たちの目的はアンの誘拐であった。護衛警官の機転のおかげでアンは救われたが、警官は犯人の撃った銃弾を浴びて重傷を負う惨事となった。当時インドネシアを公式訪問中だった女王夫妻は、アンの無事を知って安堵《あんど》したが、よりによって宮殿の目の前で起こった事件に、王室にも政府にも緊張が走ったのはいうまでもない。

キャラハンもジェンキンズもこうした事態から、女王にもしものことがあってはならないと、派手な記念式典には反対だった。しかし女王の考えは逆だった。こういう暗くて不穏な世相だからこそ、王室が先導役となって国民に明るい気持ちを取り戻させたいのだと。女王の熱意に労働党政権も折れた。一九七五年八月には、女王の在位二五年を祝う行事を二年後に大々的に開催すると政府は公式に発表した。

準備万端整い、いよいよ一九七七年が始まった。まずは女王によるコモンウェルス諸国歴訪の旅からスタートである。二月一〇日の西サモアを皮切りに、三月のオーストラリアまでオセアニア諸国を女王夫妻は順次廻った。さらに一〇月にはカナダやカリブ海諸国を訪れた。この間にイギリス各地ももちろん巡幸した。五月一七日のグラスゴウ（スコットランド）を手始めに、女王は連合王国の三六州を訪れた。ランカシャーでは一〇〇万人を超す市民が女王をひと目見ようと押し寄せた。この年、女王夫妻が旅した距離は実に九万キロ近くにも達

25周年祝典後，宮殿のバルコニーから手を振る女王夫妻，向かって左はマウントバッテン伯，1977年6月7日

していた。地球を軽く二周できるだけの長さに相当する。

六月六日の夕刻に、ウィンザー城近くのスノウヒルで女王は巨大なかがり火に点火した。それと同時刻に全国一〇〇ヵ所でいっせいにかがり火が灯《とも》され、国中が女王の慶事を祝福した。そしてメインは翌七日のセント・ポール大聖堂での記念礼拝である。一九五三年六月の戴冠式の折に乗った「黄金の公式馬車《ゴールド・ステート・コーチ》」で宮殿から姿を現した女王夫妻は、沿道でユニオンジャックの旗を手に歓声を上げる一〇〇万人以上の人々に見守られ、ロンドンを横断するかたちでセント・ポールへと向かった。

礼拝を終えてバッキンガム宮殿に戻ってきた女王は、家族とともにバルコニーに出て国民からの歓呼に応えた。鮮やかなピンクのコートと帽子に身を包む女王はこれで国民と一体になれたと強く感じた。

ウガンダ大統領アミン問題

しかし、バルコニーで手を振る女王の姿にその力強さを見る一方で、記念礼拝がつつがなく終わったことに深い安堵を感じていたのが、二年前まで大々的な式典の実施に難色を示していたキャラハン首相であった。彼は王室への非難やテロにも警戒していたが、それ以上に厄介な事態がこのとき持ち上がっていたからである。その元凶は、コモンウェルスのメンバー国でもあるウガンダの「独裁者」イディ・アミン大統領だった。

ヒース首相が一九七一年にシンガポールでのCHOGMで「つるし上げ」に遭っていたとき、アパルトヘイトを採る南アフリカにイギリスが武器弾薬を大量に売っていることを非難した急先鋒のひとりが、時のウガンダの大統領オボテであった。ところがそのさなかに、ウガンダでは陸軍によるクーデタが起きており、参謀総長のアミンが政権を奪取した。オボテは会議終了後にタンザニアに亡命した。ヒース政権は会議での非難へのしっぺ返しであろうか、アミン大統領の政権をすぐに承認した。

その年の七月にアミンは訪英する。コモンウェルス諸国からの元首に対する恒例の歓待として、女王はバッキンガム宮殿での午餐の席にアミンを招待した。前々から女王を敬愛していたアミンは歓待に気をよくしたのか、食事の席でいきなり爆弾発言をする。

一九六二年にイギリスから独立したウガンダ共和国はアフリカ東部の内陸国であった。国境問題などで紛争の絶えない隣国タンザニアには、オボテ前大統領を匿《かくま》っていることからくるわだかまりもあるが、アミンとしてはインド洋へ抜ける道も戦略的に欲していた。大統領は近いうちにタンザニアに侵攻するつもりだと女王に豪語したのだ。

通常は首脳同士の食事中の会話は外部には漏らさないものであるが、このときばかりは違った。午餐会を済ませると、女王はすぐさまアミンの言葉をヒューム外相に伝えた。さらに女王自身の長年の親友でもあるタンザニアのニエレレ大統領にも情報を流した。

アミンの暴走はこれだけにとどまらなかった。訪英の翌年（一九七二年）にはアジア系ウガンダ人八万人の土地財産をすべて没収し、彼らを国外追放処分にした。彼らの多くはイギリス植民地時代にインドから移住した者たちである。このうちの二万八〇〇〇人がイギリスへと亡命し、反アミン活動を展開していく。コモンウェルス諸国は、アミンの非人道的な政策はもちろん、ウガンダ国内で進められているとされる反政府系国民の大量虐殺の噂にも神経をとがらせることになる。女王がヒースによる妨害を振り切って出席したオタワでのCHOGM（一九七三年）に、アミンの姿はなかった。彼の非人道的な政策に他の首脳たちが噛みついてくることは目に見えていたからである。

次のジャマイカでのCHOGM（一九七五年）にもアミンは欠席し、閣僚たちを代わりに出席させた。この間に、アミンは三〇万人以上にも及ぶ反政府派の国民を次々と虐殺しているとの情報が伝わってきていた。コモンウェルスの首脳たちはアミンと同席しないで済むだけでも満足はしていたが、ここに問題が起こる。次回のCHOGMは、女王の強い希望もあり、ロンドンで開催されることになったからだ。もちろん女王の在位二五周年記念にあわせての会合である。ここにアミンが出席するかもしれなくなったのだ。

「招かれざる客」騒動

主催者となるイギリスのキャラハン首相は、これまでの歴代首相たちと同様に、女王のコモンウェルスに対する並々ならぬ愛情はもとより、彼女が首脳たちと緊密に会見や親交を続けており、しかもコモンウェルス諸国の政治家や内情について誰よりも詳しいことに心から敬意を抱いていた。ロンドンでのCHOGMを成功させるには、女王からの助力は不可欠である。今回の会議の日程は六月八日から一五日までとされた。セント・ポール大聖堂での記念礼拝の翌日から開始ということになる。首脳たちの多くが記念礼拝に招待されており、そのまま翌日から会議に入る。ここにアミンが現れたらどうなるのか。

アミン訪英ともなれば、イギリス各地で反対デモが起こることは必定だった。女王陛下の慶事にデモが起こるなどもってのほかである。CHOGMに二度欠席していたアミンだったが、敬愛する女王の記念式典が行われるということで今回は出席を希望していた。デイヴィッド・オーウェン外相は、ウガンダ周辺のアフリカ諸国の首脳たちに働きかけて、アミンがロンドンを訪れないよう説得してほしいと呼びかけたが無駄だった。ついにランファル事務局長が、ウガンダに直々に乗り込み、大統領の説得にあたったがこれも徒労に終わった。

ジェームズ・キャラハン（1912〜2005）首相在任（1976〜79）
「ジムおじさん」の愛称で人々から親しまれた，叩き上げの労働党政治家．前任者のウィルソンと同様，彼も熱烈な女王の信奉者だった．女王の在位25周年記念式典（77年）を首相としてつつがなく終えたが，その翌年末からの「不満の冬」と呼ばれるストライキに直面し，政権の座を追われた

一九七七年に入ると、イギリスの新聞各紙がいっせいに「アミン訪英」の可能性について論じるようになる。『デイリー・ミラー』はアミンの訪英は「ヒトラーがやってくるようなもの」と断じ、『デイリー・メール』や『タイムズ』などもこぞってアミンの来訪に反対した。五月に入ると「アミンがロンドンの高級ホテルを丸々ひとつ押さえた」などという情報まで流れるほどだった。

イギリス議会でも「アミン訪英」に憂慮する声が高まった。超党派の議員たちが集まり、アミンの入国を禁止するよう政府に要請する動議さえ提出される有様だった。キャラハン首相もオーウェン外相も、可能な限りアミン訪英を回避するつもりだと答弁に苦しんだ。

そして六月七日の式典当日。「アミンがロンドンの空港に到着した！」などというデマが飛び交うなかで、キャラハン政権の閣僚たちはハラハラしながら、女王のさらなる在位よりも、アミンが来ないことを神に祈りながら、記念礼拝が無事に終わることを願った。結局、アミン大統領はウガンダを一歩も出ることはなかったのである。キャラハン首相やコモンウエルス諸国の首脳たちの懸念は杞憂《きゆう》に終わってくれた。

アミン自身は、この翌年（一九七八年）、かねてから女王に予告していたように、隣国タンザニアに侵攻を開始する。しかし、イギリスが武器弾薬など全面的に支援したこともあり、タンザニア軍はウガンダ軍を撃退した。軍部からも信頼を失ったアミンは翌七九年に失脚し、二〇〇三年に亡命先のサウジアラビアでひっそりと息を引き取った。

他方で、在位二五周年を神に感謝する記念礼拝の当日、その日の主人公である女王は「アミン登場」に少しも動揺している様子がなかった。いつものとおり女王の目の前にはロンドン市長が「真珠の剣《パール・スウォード》」を高々と掲げて行進していた。「もしいまアミンが来たらどうします？」との問いに女王は平然とこう答えた。「この剣で頭を殴りつけてやるわ」。

北アイルランド紛争と王室の悲劇

こうして女王の在位二五周年記念の年は、王室と国民が一体となるかたちで空前の盛り上がりを見せ、つつがなく幕を閉じた。六月七日の記念礼拝と並んで式典のハイライトとなったのは、五月四日に国会議事堂（ウェストミンスター宮殿）のすぐ隣に立つウェストミンスター・ホールで貴族院・庶民院双方の議員たちを前に行われた女王の演説だった。

このなかで女王は、スコットランド、ウェールズ、北アイルランドといった連合王国内の各地域への「権限委譲《デヴォリューション》」の傾向が強まりつつあるなかで、次のような確固たる意思を表明している。「私の先祖には、イングランドの国王や女王もいれば、スコットランドの国王や女王も、そしてウェールズ大公もおります。その意味からも、〔権限委譲を訴える人々の〕熱望も十分に理解できます。しかし、私はグレート・ブリテン及び北アイルランド連合王国の女王であることも決して忘れることはできないのです。おそらくこの記念式典《ジュビリー》は、私たちみなが国内外の双方において連合王国の一員であるがゆえに受けている恩恵について思い起こさせてくれる、よい機会になるものと思います」。

しかしそれからわずか二年後に、女王はこの連合王国の複雑な事情を垣間見せられる悲劇的な事件に遭遇する。

アイルランド北西の沿岸部にある小さな港マラグモア。荒波の大西洋に面し、いつもはどんよりとした曇天《どんてん》が続くこの土地にしては珍しく、その日の朝は見事に晴れ上がっていた。一九七九年八月二七日のことである。港のすぐ近くにそびえるクラッシーボーン城から、数人の家族連れが港へ向かい、停泊していたボートで午前一一時頃に沖合に出た。緑と白に塗られた鮮やかな小ぶりの「シャドウ5世号」というボートだった。一家は、前日から罠《わな》をしかけておいたロブスターを獲りに出かけたのだ。

と突然、周囲を轟《とどろ》かす大爆音が鳴り響いた。午前一一時四五分、しかけられていた爆弾により、ボートはこっぱ微塵《みじん》に吹き飛んだ。乗員のうち三人が即死し、重傷者一人も翌日には死亡した。残りの数人も重軽傷を負った。爆発と同時に海に投げ出され、濃紺のジャケットを着たまま即死した老人。それが第二次世界大戦の英雄にして、女王の夫君エディンバラ公の叔父にもあたる、マウントバッテン伯爵であった。享年七九。

伯爵一家は、亡き妻で資産家のエドウィナがご先祖から引き継いだ、アイルランド北西部スライゴ州の城に毎年のように出かけ、ここでのんびり休暇を楽しむのが習わしだった。城も所領も一九世紀のイギリス外交に一時代を築いたパーマストン子爵のものだった。彼はエドウィナの遠いご先祖にあたった。

まもなく犯行声明が出された。犯人は、アイルランド全島の統一を掲げる準軍事組織IRA（アイルランド共和軍）暫定派であった。

激増するテロの背景

一九二二年に「アイルランド自由国」として、カナダやオーストラリアと並ぶ自治領に認められた島の南部四分の三にあたる地域は、その後もイギリスと敵対を続けていった。第二次世界大戦でも中立を保ち、イギリスに手を貸すことはなかった。そして一九四九年には「アイルランド共和国（エール）」として完全に独立するが、同年に改組されたコモンウェルスにも加わることはなかった。

やがて共和国に編入されていなかった、北部四分の一の地域（アルスター）も含めての独立を掲げ、IRA暫定派が形成される。彼らは全島統一を掲げる住民をイギリス兵から守り、攻撃を受けたら必ず報復するをモットーに、アルスターでのイギリスの占領体制を終結させることを目標とした。そのためには非道なテロも辞さなかった。

一九七二年一月三〇日には、北アイルランド北西部の大都市ロンドンデリーでデモ隊にイギリス軍のパラシュート部隊が発砲し、一四名が死亡する事件が起こった。俗にいう「血の日曜日事件」である。七月にはIRA暫定派の指導者ジェリー・アダムズとマーティン・マクギネスらがイギリスへ渡り、ウィリアム・ホワイトロウ内相との極秘会談で交渉を試みたが、話し合いは決裂に終わる。これら一連の事態への報復として、七月二一日には北アイルランドの首都ベルファストで爆破テロが生じ、イギリス兵も含む一三〇人の死傷者を出した。IRA暫定派によるテロの犠牲者は、すでに一九六九年（一三名）から七一年（八六名）の間に激増していたが、この後も事態はさらに悪化していった。

こうした不穏な情勢のなかで、マウントバッテン暗殺事件が起きたのである。実は伯爵は前々からIRA暫定派によるテロ予告をたびたび受けていた。しかし、特に身辺に危険が迫っている様子もなく、一九七九年の夏もイギリス政府やアイルランド駐在大使からも確認を取ったうえで、恒例の夏休みを取りにスライゴに渡ったのである。

訃報はすぐにバルモラルに滞在する女王一家にも伝わった。悲しみに打ちひしがれるなか、一家はすぐさまロンドンに戻ってきた。事件の四日後、老伯爵の遺体はイングランド南部の港町サウサンプトンにほど近いイーストリー空港へと運ばれた。空港には甥のエディンバラ公とチャールズ皇太子が神妙な面持ちで控えていた。やがて棺はユニオンジャックに包まれてロンドンに到着し、セント・ジェームズ宮殿の王室礼拝堂で正装安置された。およそ二万五〇〇〇人もの人々がこの英雄に最後の別れを告げに訪れた。

九月五日、棺は伯爵の古巣である海軍兵士たちに囲まれて、葬儀が行われるウェストミンスター修道院へと厳かに運ばれた。沿道では五万人を超える人々がじっと見つめていた。葬儀には、エリザベス女王を筆頭に、北欧など一二ヵ国の王侯が集まった。マクミランからサッチャーまで生存する歴代のすべての首相たちも参列した。しかしなかでも憔悴《しょうすい》ぶりが激しかったのは、この国の世継ぎでもあるチャールズ皇太子だった。彼は、このときばかりは人目もはばからずに涙を流し続け、亡き伯爵を追悼していた。

マウントバッテン伯の野望

三歳と三ヵ月のときに祖父（ジョージ6世）を亡くしていたチャールズにとって、大叔父にあたるマウントバッテン（家族内ではディッキーと呼ばれていた）は、まさに祖父がわりに彼を可愛がってくれていた。実際に、のちにチャールズはこの愛すべきディッキーおじさんに「名誉おじいちゃん」の称号まで贈っていたほどである。

しかしチャールズの母であるエリザベス女王にとっては、ディッキーが亡くなったことはもちろん悲しむべきことだったが、内心ほっとする部分もあったのだ。

第I章でも触れたとおり、もともと財産などなくドイツから裸同然で来たようなバッテンベルク家のルイスは、資産家だった妻のおかげで経済的にも安定し、第二次世界大戦後は「最後のインド総督」となってインドとパキスタンの分割独立を進め、イギリスに帰国後は海軍軍令部部長、さらに統合幕僚本部長として米ソ冷戦下でイギリスの軍事戦略を統轄した。一九六五年には海軍からも退いたが、王族の一人として一七〇以上もの各種団体のパトロンを務め、王室の行事にもすべて顔を出していた。

しかし生来の野心家だった彼は、甥のフィリップをエリザベス王女の夫にすえただけではなく、さらなる「王室乗っ取り」まで考えていたなどと噂された。一九五二年二月六日、国王ジョージ6世が崩御し「エリザベス2世」が誕生すると、葬儀からまだ一週間も経っていなかったにもかかわらず、友人たちを屋敷に招いて「ここにマウントバッテン家の統治が始まった」と誇らしげにシャンパンで乾杯したという。この話はその場にいたものが王室にすぐさま「ご注進」したことで広まった。

これに最も激怒したのがエリザベスの祖母メアリ太皇太后である。すぐさまチャーチル首相にも命じ、イギリス王室の家名は「ウィンザー」のままと明言させた。実は継承法的にはディッキーのほうが正しく、エリザベス2世以後には王朝名は「マウントバッテン」となってもおかしくなかった。しかし王室最大の実力者であるメアリだけではなく、いまや皇太后となったエリザベス（以後は「クイーンマザー」と呼ばれ国民から親しまれた）も「ウィンザー」を家名として残すように娘の女王に強く助言していた。

この「仕打ち」にはエディンバラ公も憤慨した。ある晩クラブで友人たちと酒を飲んでいたとき、彼は残念そうにこう呟いた。「私は自分の名を子どもに残せないイギリスで唯一の父親なんだ」。しかしメアリが翌年三月に亡くなり、一九五九年に女王が三人目の子ども（アンドリュー）を身ごもったとき、ディッキーは再びこの問題を持ち出した。これ以上事態を紛糾させたくなかった女王は、時のマクミラン政権とも相談のうえで、これ以後王族の名字として「マウントバッテン・ウィンザー」と名乗ることを許可したのである（一九六〇年）。ディッキーの粘り勝ちとでも言えようか。

ただし王朝名は引き続き「ウィンザー」とされ、こんにちにいたっている。

チャールズ皇太子の結婚——ダイアナとの出会い

ディッキー・マウントバッテンの次なる野望は、彼を祖父のように慕うチャールズ皇太子に花嫁をあてがうことだった。もともとチャールズは幼い頃から彼の家に出入りしていた。伯爵の長女パトリシアの次女にあたるアマンダ（チャールズより九歳年下）とは気心が知れているし、趣味なども一致していた。一九七四年には、チャールズはアマンダとの結婚を母パトリシアに打診したとされるが、まだ一七歳のアマンダでは若すぎると、このときは引き下がった。そして五年後の七九年にチャールズは再び求婚の意志を告げるが、祖父と弟（一四歳のニコラスも爆殺された）の死で、彼女は王室に嫁ぐ気はなかった。

ディッキーおじさんが亡くなった時点で、満三〇歳に達していたチャールズ皇太子は、長身でハンサムであり世界中の女性から熱い視線を浴びていた。王侯貴族の令嬢から女優や歌手にいたるまで恋の噂は絶えなかった。アマンダへの求婚を諦めた直後には、今度はルクセンブルクのジャン大公の長女マリー・アストリッド（チャールズより六歳年下）がお妃候補として浮上した。これまたチャールズ好みの知的な女性である。しかしカトリック教徒であることがネックとなった。イギリスではいまだに「王位継承法」（一七〇一年制定）により、王族がカトリック教徒と結婚することは禁止されていたのだ。

そのようなさなかの一九八〇年夏。ディッキーおじさんの一周忌が迫る頃、相変わらず元気のないチャールズを励まそうと、友人が自宅でのバーベキュー・パーティーを企画した。それでも心の浮かない彼のもとに一人の若い女性が近づいてきた。マウントバッテン伯爵は気さくな人物で自分も大好きだったと語り始めた彼女に、チャールズは驚愕した。かの大戦の英雄は、上流階級の子弟だからといって、おいそれと近づける人物ではなかった。それをなんでこの娘が知っているのか。

彼女の名はレディ・ダイアナ・スペンサ。かつて母エリザベス女王の侍従も務めたスペンサ伯爵の娘だった。その関係でチャールズも彼女のことは知っていたが、ダイアナは彼より一三歳も年下だった。チャールズが覚えていたのは、まだあどけない少女の頃の面影だけで

チャールズ皇太子とダイアナ妃の結婚，1981年7月29日　右には長男の結婚を祝福するエリザベス女王

ある。それがしばらく見ないうちにすっかり美しい女性になっていたのだ。

やがて意気投合した二人は恋に落ちる。ダイアナにとってチャールズはずっと憧れてきた「お兄さん」であり、未来のこの国の王である。マスメディアから隠れるように数回のデートを重ねた後、ついに二人は翌一九八一年二月に婚約を発表した。女王も長年の親友で、かつて自身に仕えてくれたスペンサ伯爵の三女であれば、いうことはなかった。家柄的にもイングランド貴族のなかの名門中の名門である。

七月二九日、二人はセント・ポール大聖堂で盛大な華燭《かしょく》の典を挙げることとなった。午前一一時二〇分、ダイアナは大聖堂に到着した。車から降り立った彼女の姿に周囲は目を見張った。美しい象牙色《アイヴォリー》のウェディング・ドレスを際立たせる裾（トレイン）はなんと七・六メートルにも及ぶ長いものだった。父スペンサ伯と腕を組んで、大聖堂の長い身廊《しんろう》を歩く姿に世界中の人々が息をのんだ。大聖堂には世界中の主要な王侯の大半が集まっていた。日本からは明仁皇太子と美智子妃が出席した。

カンタベリー大主教ロバート・ランシーの司式により、結婚の誓いも無事に済まされた。このあと花婿と花嫁は馬車でロンドンを横断してバッキンガム宮殿へと向かった。女王の祖父ジョージ5世の時代から王室の結婚式にとってなくてはならない「装置」となっていたバルコニーで、二人は熱いキスを交わした。この世紀のロイヤル・ウェディングの模様はテレビで生中継され、世界中で七億五〇〇〇万人もの人々が見たとされる。

鮮やかなトルコ石色《ターコイズ》の帽子とコートに身を包む、花婿の母エリザベス女王も、世継ぎの結婚でほっとした。チャールズも、自分たち夫妻と同じように、多くの子どもを生んで末永く幸せに暮らして欲しい。そう心から望んでいたに違いない。一九八一年七月のイギリスは、政府による財政・金融引き締め政策の影響もあり、倒産する企業があとを絶たず、街には失業者も溢れかえっていた。そのようなときにもかかわらず、国民の多くがこの王室の慶事を大歓声のなかでともに祝ってくれたのである。

フォークランド戦争の勃発

チャールズとダイアナの結婚から一年後、イギリス国民は再び国を挙げての祝賀に包まれることとなった。ただしそれは戦争という災禍を乗り越えてのものであった。

戦争の舞台となったのは、イギリスからはるか南方の大西洋に浮かぶ、フォークランド諸島である。一八三三年からイギリスが領有し、世界に冠たるイギリス海軍《ロイヤル・ネイヴィー》にとって、大西洋と太平洋を結ぶ重要な拠点となっていた。しかしそれから一五〇年の歳月が経過していた。一九六八年にスエズ以東からの撤退を表明したような現在のイギリスにとって、その領有は経済的・軍事的負担以外の何ものでもなかった。このため、島に隣接するアルゼンチンとの共同統治案や、主権をアルゼンチンに渡したうえでイギリスが行政権を一定期間再委譲《リースバック》してもらうなどの方策が検討されていた。いまや「大英帝国」とはとても呼べないイギリスの態度を、アルゼンチンのガルチエリ将軍の軍事政権は「弱腰」と見ていた。

一九八二年四月二日、突如としてアルゼンチン軍がフォークランド諸島に上陸し、全島領有を宣言した。既成事実を作り上げてしまえばイギリスは引くだろう。アルゼンチンは高を括《くく》っていた。なにせイギリス本国から一万二〇〇〇キロ以上も離れており、住民も一八〇〇人程度しかいない島々である。イギリスが大軍を率いて助けに来るとは思えない。

しかしイギリス側の対応は違った。政府はその日のうちに閣議を開いて機動部隊の派遣を決定した。土曜にもかかわらず閣議を召集し、毅然たる態度を示したのが、この三年前（一九七九年五月）にイギリス史上初の女性首相となっていたマーガレット・サッチャーである。

「鉄の女」の異名をとる彼女は、フォークランドの支配回復のためには必要なあらゆる手段をとると宣言した。すぐさま二隻の空母が派遣され、四月下旬にはイギリス海兵隊がフォークランド諸島に上陸を開始する。

ここでサッチャーの脳裏をかすめたのが、およそ四半世紀前に生じた「スエズ危機」の蹉跌《さてつ》であった。あのときは、軍事的には英仏側が勝利をつかんでいながら、国際的に孤立した結果、外交のプロだったイーデンが外交的な大敗北を喫したのである。同じ過ちは二度と犯してはいけない。サッチャーは侵攻の翌三日、国連安全保障理事会を急遽《きゅうきょ》開かせ、アルゼンチン軍の即時撤退を求める決議を採択させた。コモンウェルスもヨーロッパもイギリス側を明確に支持した。あとはアメリカがどう出るかであった。

ロナルド・レーガン大統領率いるアメリカ政府は逡巡《しゅんじゅん》していた。米ソ冷戦下の当時にあっては、イギリスもアルゼンチンもともにアメリカにとっては大切な同盟国だったのである。しかしサッチャーは英米の「特別な関係」を前面に出し、ついに四月三〇日にアメリカ政府にイギリス支持を表明させることに成功する。六月一四日、アルゼンチン軍が降伏し、ここに二ヵ月に及んだ戦争はイギリスの勝利で終わった。

経済的にも軍事的にも衰退の続く戦後のイギリスにとってそれは国民全体が心の底から祝うことのできる「戦勝」となった。女王も、サッチャーの毅然たる態度を強く支持し、開戦を認めたのである。しかも戦場には、自身の次男アンドリュー王子の姿もあった。さらに勝利のちょうど一週間後（六月二一日）には、前年に結婚したチャールズとダイアナの間に長男ウィリアム王子が誕生した。この二重の慶事に国民も大いに沸いた。

アルゼンチンが降伏する直前の六月七日、パリ郊外のヴェルサイユで開かれた先進国首脳会議（サミット）の帰りに、レーガン大統領はイギリスを「陣中見舞い」に訪れた。女王は彼のためにウィンザー城で大歓待した。翌八日の早朝には、ウィンザーの手入れの行き届いた見事な芝生の上を、くつわを並べて乗馬を楽しむ女王と大統領の姿が大々的に報じられた。翌八三年三月には、このときの答礼の意味で、女王がアメリカを非公式に訪問した。しかもレーガン自身のお膝元《ひざもと》であるカリフォルニア州をである。女王にとってそれは初のアメリカ西海岸の旅となった。英米の「特別な関係」は健在であるかに見えた。

グレナダ侵攻での屈辱

ところが、それからわずか七ヵ月後に、女王は大統領から「裏切られる」ことになる。西インド諸島の南東部に浮かぶ火山島の国グレナダで一九八三年一〇月に政変が生じた。ビショップ首相は暗殺され、キューバから支援を受けた軍部が実権を掌握したのである。グレナダで学んでいるアメリカ人留学生数百名の安全を楯《たて》に、アメリカは東カリブ海諸国機構（OECS）の国々とともに軍事介入に踏み切った。

この事態に怒りを感じたのがほかならぬ女王であった。グレナダは一七六三年からイギリスの植民地となり、一九七四年に独立を果たした後もイギリスの君主を国家元首に戴いた英連邦王国の一員であった。すなわち女王陛下の国だった。通常は彼女の代理人であるサー・ポール・スクーン総督が統治に関わっていた。しかしビショップ暗殺の直後、スクーンは女王には無断でアメリカに軍事介入を要請し、これを受けたアメリカも事前に女王にもイギリス政府にも相談せずに介入を決定していたのである。

サッチャーはアメリカ軍の介入には反対であり、それを察知していたためレーガンは事前に彼女に十分な相談もせずに侵攻を開始させたのである。アメリカを主体とする軍事介入により、軍事政権は崩壊した。拘束されていたスクーン総督も無事救出された。侵攻の二日後にサッチャーは定例の謁見（毎週火曜日）のため女王に会った。記録はいっさい残されていないが、グレナダ女王として事前にまったく情報を知らされていなかったエリザベス女王は「屈辱」を感じたのではないか。

同じくサッチャーも屈辱を感じていた。米ソ冷戦下で英米の「特別な関係」を演出し続けてきたサッチャーとしても、レーガンには裏切られた思いであった。とはいえいまやアメリカの存在あってのイギリスなのだ。気を取り直した首相は、閣議でも議会審議の席でもアメリカ政府の判断を全面的に支持する。フォークランド戦争によって一時的な「幻想」にとらわれていたとはいえ、女王にとっても首相にとっても、イギリスはもはや「大英帝国」ではないことをあらためて見せつけられた出来事であった。

女王と首相の温度差

フォークランド戦争は、サッチャー首相にとってはまさに「天佑《てんゆう》」であった。一九七九年五月の総選挙で彼女が政権を獲得したとき、イギリス経済はまさにどん底の状態にあった。労働組合の活動を野放しにしてきた長年のツケもたたって、財政も困窮状態にあった。インフレと財政難を克服するため、サッチャーは通貨供給の増加率を厳格に規制し、政府支出も厳格に管理するようになった。この成果が現れるのは一九八〇年代末になってからのことであるが、その代償は大きかった。先にも記したとおり、企業の倒産が相次ぎ、一九八二年一月には失業者は三〇〇万人を超したのである。サッチャー政権の支持率は、わずか二五％にまで下落していた。

マーガレット・サッチャー（1925～2013）首相在任（1979～90）
女王を尊敬していたが，「怠け者だけが休暇を取る」と考え，女王のバルモラル滞在も彼女の性分とは合わなかった．彼女にとって王室は，経費がかかり，非効率的・非生産的な組織と映る，サッチャリズムとは対極の存在だった．首相退任後に一代男爵に叙され，その後も貴族院で一定の影響力を持った

そのような矢先に生じたのがこのフォークランド戦争だった。この戦争の勝利で政権の支持率は一挙に八〇％以上に上昇した。その余勢を駆って、翌一九八三年にサッチャーは議会を解散し、総選挙で保守党にさらなる議席

をもたらすことに成功した。

サッチャーが指導者としてイギリスに登場した一九七九年、彼女の使命はイギリスの経済・財政の立て直しであり、またその外交的な関心はその年の年末にアフガニスタンへ侵攻を開始したソ連に対し断固たる態度をとることであった。翌年の大統領選挙を制してレーガンがアメリカに登場すると、「ロンとマギー」のコンビは二人三脚で国際政治を歩んでいく。そのようなサッチャーにとって、コモンウェルス、さらにアフリカの問題などほとんど関心がなかった。

「アミン訪英」問題で揺れに揺れたロンドンでのCHOGMから二年が経ち、一九七九年の夏にはアフリカ大陸で初の会議が予定されていた。場所はザンビアのルサカ。かつて北ローデシアと呼ばれた植民地である。ホストを務めるのは「独立の父」カウンダ大統領であり、今回の会議で最大の議題とされたのが、南隣の南ローデシアにおける黒人差別政策についてであった。サッチャーは行く気がしなかった。自分には直接的利害の薄いアフリカのことなどより、イギリス経済の立て直しのほうが優先すべき課題なのだ。

さらに会議への出席を予定している女王にとっても、ザンビアなど危険である。かつてのヒースさながら、首相は女王に「欠席」を要請した。ところがこれに対する女王の返答は強烈なしっぺ返しとなって現れた。なんと女王は八月一日からのルサカでの会議を前に、タンザニア、マラウィ、ボツワナといった周辺諸国を順次公式訪問すると発表させたのだ。女王が「国賓」として各国を公式に訪れるともなれば、イギリス報道陣も大挙して同行する。その終着点がザンビアのルサカである。世界中の注目が集まる場に、就任したばかりのイギリスの首相が不在ともなれば、世界はどう思うだろうか。

ここにサッチャーもしぶしぶCHOGMへの出席を決意する。サッチャー自身の回顧録には次のような文章がある。「女王はルサカで大変な歓待を受けた。それとは対照的に、私はそこでは好ましい人物というにはほど遠い存在だったので、なんの前触れもなしに、七月三〇日の夕刻にルサカに到着した。しかしそこで私を待ち受けていたものは、敵意に満ち満ちた記者会見であった」。

南ローデシア問題の解決へ

八月一日、エリザベス女王の開会演説とともに、ルサカでのCHOGMが開幕した。当時の加盟国は四二ヵ国であった。議長を務めるカウンダ大統領は、イギリスが外相のキャリントン男爵だけではなく、サッチャー首相を直々に出席させてきたことには感謝したかったが、アフリカ問題に関心の薄い首相が来たところで果たしてどうなるのか。

最大の争点となる南ローデシアでは、当時は白人至上主義を掲げるイアン・スミス首相が公然と黒人差別政策を繰り広げていた。これに対して人口の面では一〇倍にも達する黒人たちの権利要求運動が高揚し、各地でテロ活動も展開された。黒人指導者のなかでは、アベル・ムゾレワが穏健派を率いていたが、キャリントン外相は彼では単にスミスの傀儡《かいらい》になるにすぎないと判断していた。

サッチャーは事前に様々な要人と会って情報を集めていたが、このムゾレワこそ指導者にふさわしいと思い、急進的な黒人指導者であるジョシュア・ンコモやロバート・ムガベを「テロリスト」とみて敵視していた。しかし、CHOGMに集まった黒人大統領たちの一致した見解はンコモやムガベらが黒人政権を担うべきというものだった。このため会議の当初からすでに、各国指導者とサッチャーとの間には冷たい空気が漂うようになっていた。キャリントン外相は当時を振り返りこう述べている。「アフリカの各国はサッチャー首相に対して激しい敵意を示していた」。

ここで会議に風穴を開けたのが女王であった。女王はCHOGMに出席する前に、いつも外務省の高官から加盟国のすべての現状について詳細な報告を受け、それをもとに会議の際には各国（ただしイギリスを除く）の首脳たち全員と同じ時間ずつ私的な謁見をもっている。キャリントン外相はこのときの様子を次のように述べている。「会議での女王の対応の仕方には目から鱗《うろこ》が落ちるような思いがした。陛下は首脳たちの一人ひとりとまったく同じ時間で個別に次々と会見を済まされた。このときから、会議全体の空気が大きく変わったのである。陛下の極意とは、誰に対しても平等に接するということだった。イギリスだからといって優先順位が与えられるわけではなく、それが他の参加国にとっても大きな驚きをもたらすのだった」。

一九七九年のルサカでの会議の一日目は、こうして各国首脳たちと女王の謁見が済み、再び会議の席に着いた彼らには、なごやかな空気が流れるようになっていた。さらにその日の夕刻。晩餐会場の片隅でひとりぽつんと佇《たたず》んでいたサッチャーを中央に連れ出して、アジアやアフリカの首脳たちに次々と紹介してくれたのがほかならぬ女王であった。サッチャーは、カウンダやタンザニアのニエレレらと親しく話していくうちに、南ローデシアの惨状についてようやくその現実を知ることができた。また彼らアフリカの指導者たちも、彼女の政治家としての実力が並々ならぬものであると感じ取った。

エリザベス女王とサッチャー首相，ザンビアのルサカで，1979年８月

翌日の会議では、サッチャーはまるで別人のように変わっていた。この年の秋からロンドンを舞台に南ローデシアのすべての指導者を一堂に集め、交渉を行わせると約束したのである。これには各国首脳らは度肝を抜かれた。その日の晩、カウンダ議長はサッチャー首相の側《そば》にし

ずしずと近寄り「私と踊ってください」と申し込んだ。サッチャーとカウンダが踊るワルツは、南ローデシアで待ちかまえる難局を打開する希望のように思われた。

そして一九七九年九月からロンドンのランカスター・ハウスで会議が開かれ、キャリントン外相を議長に三ヵ月に及ぶねばり強い交渉が続けられた。ここで一二月に結ばれた協定に基づき、翌一九八〇年二月には黒人たちにも初めて選挙権が与えられ、ようやく平等な国家として新生「ジンバブエ」(同地の言語で「石の家」の意味)が誕生することとなった。

ロンドンでの会議を成功に終わらせた最大の功労者はキャリントン外相であった。しかしその彼が交渉を円滑に進められたのは、CHOGMで女王が見せた「人種偏見のない」公正な態度であった。彼はこうも述べている。「もしルサカ会議がうまくいかなかったならば、コモンウェルスもその時点で崩壊していたといっても過言ではない。誰もが小さな帽子を持っているものだ。しかし、女王陛下は特大級の帽子を持っておられる。それですべての人を包み込んでしまうぐらいに大きなやつをね」。

南アフリカとサッチャー

しかしアフリカで人種差別政策を終わらせる作業で、女王と首相が果たした二人三脚はここまでだった。フォークランド戦争に勝利をつかみ、翌一九八三年の総選挙では盤石たる体制を築いたサッチャー政権は、いよいよ二期目(八三~八七年)に突入した。ここで年来の計画であった、電信・電話、航空、造船、鉄鋼、電力、石油、自動車などの国有企業が次々と民営化され、社会保障費の大幅削減や労働組合に対する断固たる対応など、のちに「サッチャー主義《サッチャリズム》」と呼ばれる政策が本格的に始まった。こうした一連の改革により、低迷を続けていたイギリス経済にも光が差してきた。

サッチャーとしてはイギリスを好景気の波に早く乗せたかった。そのようなときに再び彼女とコモンウェルス諸国首脳の間に軋轢《あつれき》が生じることとなる。ルサカで南ローデシア問題を解決する突破口を開いた各国首脳たちにとって、次なる最大の難関が南アフリカ共和国の「人種隔離政策《アパルトヘイト》」を終わらせることだった。一九六一年に完全独立を果たし、コモンウェルスからも脱退していた南アフリカは、その豊富な金・ダイヤモンド資源を背景に経済的孤立を事実上は免れていた。その最大の輸入元がイギリスだった。

そもそもサッチャーは、実業家だった夫のデニスが南アフリカでも事業を展開していた関係もあり、彼からの影響で南アフリカでは白人による支配のほうが安全であるとの認識を有していた。もちろん彼女自身は人種差別には反対であったが、強硬な経済制裁で南アフリカを包囲するよりも、白人政権と良好な関係を築き、彼らに徐々に圧力をかけるかたちで穏便に差別の解消を進めさせたほうがよいと考えていた。

また、ソ連を中核とする共産主義勢力が世界各地に浸透することに神経質となっていた彼女は、アパルトヘイトに反対する南アフリカ最大の黒人団体「アフリカ民族会議（AN

C)」が共産党と提携し、政府に対する武力闘争をも辞さない姿勢を示していることのほうを憂慮していたのである。そのようなサッチャーと親密な関係を築いていたのが、一九八四年九月から南アフリカ大統領となったピーター・ボータだった。その年の六月にまだ首相であったボータを英首相別邸（チェッカーズ）に招いたサッチャーは、穏便なかたちで差別政策を終結させるよう要請したが、最終的な判断はボータに任せることにした。

しかしこれと同じ時期、サッチャーの「生ぬるい」南アフリカ政策を尻目《しりめ》に、欧米各国はアパルトヘイトへの反発から経済制裁を強めていく。フランスは南アフリカへの新たな投資を凍結し、アメリカの大銀行連合は南アフリカ企業への貸し付けを停止し、同国の銀行貸し付けの実に一〇％にあたる四億ドルもの資金が急遽引き揚げられたりした（一九八五年八月）。

サッチャーのコモンウェルス嫌い

そのような矢先の一九八五年一〇月に、またもやCHOGMの季節がめぐってきた。今回はカリブ海のバハマ諸島の首都ナッソーが舞台となった。サッチャーは六年前のルサカと同様、本心では行きたくなかった。いまや彼女はコモンウェルスを露骨に嫌うようになっていた。

彼女は秘かに側近たちと、CHOGMという略語を「貪欲《どんよく》な物乞いどもへの強制的な施し(Compulsory Hand-Outs for Greedy Mendicants)」と呼び、各国の首脳たちをあからさまに軽蔑《けいべつ》していたのである。この時期の彼女にとっては、同年三月にソ連の最高指導者となったミハイル・ゴルバチョフとレーガンの橋渡しを行い、米ソ間の関係改善を進めることのほうが優先事項と考えられたのだ。

他方でエリザベス女王のほうは、南アフリカ問題でコモンウェルス間に合意を生みだすことが最大の関心事となっていた。とはいえかつてのヒース首相のときと同様に、女王と首相が正面から衝突するのはなんとしてでも避けたい。ナッソーでのCHOGMを前に、女王は秘かにカナダ首相ブライアン・マルルーニーに「他の指導者たちと協力し、会議に亀裂を生じさせないよう」要請していた。もちろん女王は、サッチャー自身とも会見して南アフリカ問題ではコモンウェルス諸国の首脳たちと協力するよう要望していた。

ナッソーでの会議は序盤から紛糾した。サッチャーは「南アフリカで黒人も含めた普通選挙を実施するのは非現実的である」と断じた。マルルーニーやオーストラリアのボブ・ホーク首相が、コモンウェルスが特別使節団を組織し南アフリカに視察に訪れてみるのはどうかと提案するや、彼女は即座に「通常の外交チャンネルで交渉すべき」とこれを一蹴《いっしゅう》した。

サッチャーは事前に女王から要望を受けていたこともあり譲歩案を提示した。南アフリカ産の金貨の輸入禁止や、南アフリカとの貿易振興への公的援助の打ち切りといった提案だった。しかし、これには各国首脳が「生ぬるい」と噛みつく始末であった。カウンダも新たにジンバブエの首相となっていたムガベも、コモンウェルスがこれで完全に決裂してしまうのではないかと感じていた。結局、マルルーニーやホークの案が通り、コモンウェルスで特別使節団が形成され、彼らが現地視察を行った後に、あらためて南アフリカへの経済制裁を検討する会議を早急に開催することで落ち着いた。

女王とサッチャーの確執報道

一九八六年前半に実施された特別使節団の派遣後の六月には、南アフリカ政府はアパルトヘイト廃止の方向にはまったく進んでいないとの結論が出された。これを受けて八月に急遽、ロンドンを舞台に臨時のCHOGMが開催されることになった。

六月末に、女王は南アフリカから一通の書簡を受け取った。差出人はデズモンド・ツツ。南アフリカ聖公会(イングランド国教会系)の大主教であり、長年アパルトヘイトにも反対してきた活動家でこの二年前にはノーベル平和賞まで受賞していた人物である。彼の受賞が世界中の目を南アフリカでのアパルトヘイトへと引きつけていた。その彼から「陛下、わが国は途方もない大惨事の瀬戸際におります。ご協力をお願いしたい」という書簡を直々に受け取った女王は、本来ならすぐに返信を認《したた》めたいところであった。

しかしイギリス政府が動けないなかで、女王自身が前面に出るわけにもいかない。ましてやこの文通でサッチャーの上を飛び越えて直接的に解決に乗り出すわけにもいくまい。女王は自身の名ではなく、秘書官からツツに返信を送らせ、可能な限りの協力を約束した。ところが、臨時のCHOGMは八月三日から開催されることに決まっていたが、その直前に衝撃的な出来事が起こる。

一九八六年七月二〇日の『サンデー・タイムズ』紙が、南アフリカへの経済制裁をめぐって女王と首相との間に深刻な亀裂が生じていると大々的に報じたのである。女王と首相との毎週の謁見の内容は外部に洩れるはずはなかったし、それ以外の場面でもこの両者が公に南アフリカ問題を話し合うことはいままでなかった。この記事は女王にも首相にもショックを与えるものだった。のちの推測では、女王の報道担当秘書官マイケル・シェイがあくまで自身の印象として記者に話したことに基づく記事だったのではないかと言われている。

これを受けて他紙もいっせいに女王と首相の確執について報じ始めた。サッチャー寄りの大衆紙『サン』などは「おせっかいはやめな陛下！」という下品な見出しをつけて両者の対立を大げさに報道した。女王は次男アンドリューとセーラの結婚式（七月二三日）を目前に控え、各国から集まった招待客の接遇に大わらわの時期でもあった。

こうした報道は海外にも影響を与えていた。ザンビアを訪れたジェフリー・ハウ外相はカウンダ大統領から次のように言われた。「サッチャー女史は、まるでアパルトヘイトにキスをしているようなものですな！　私がイギリスの外相閣下を歓迎しているのは、ひとえに女王陛下への愛と尊敬によることを忘れないで欲しい」。七年前にサッチャーをワルツに誘った同じ人物の発言とはとても思えなかった。

さらに七月二四日からエディンバラで開催のコモンウェルス諸国競技大会《ゲームズ》（四年に一度開催）には五九の国と地域のうち、実に三二がボイコットを表明した。アフリカやカリブ海諸国が軒並み欠席となり、盛り上がりに欠ける大会となってしまった。

マンデラ釈放への関与

史上最も寂しい競技大会がエディンバラで幕を閉じた翌日、八月三日からいよいよ臨時のCHOGMが始まった。その日の晩に、今回の会議で特に討議の主要な担い手となるであろうカウンダやムガベ、マルルーニーやホーク、そして議長役のサッチャーという七人の首脳たちが、バッキンガム宮殿での晩餐会に招かれた。サッチャー以外はみな「女王のシンパ」であった。女王としては、南アフリカ問題でコモンウェルスが分裂することはどうしても避けたかった。とはいえ彼女自身が前面に出てきて調整するわけにもいくまい。『サンデー・タイムズ』の報道以来、チャールズ皇太子は「母が現在の論争に巻き込まれるのは心配だ」と友人に語り、エリザベス皇太后までもが「国民やマスメディアが女王を経済制裁論争に巻き込もうとしているのは恐ろしいことだ」と周辺に洩らしていた。女王は国内における政党政治で公正中立の立場を堅持するのは当然だが、国際政治の場でも、いずれの側にも偏らない姿勢を示さなければならない。

しかし実際には、マルルーニーやホークの力（ロビー活動）を借りて、女王はEC諸国に南アフリカへの経済制裁を容認させる方向に導かせていたとされる。ECは南アフリカの金貨、鉄鋼、石炭の輸入を禁じ、新たなる南アフリカへの投資も自主規制するよう加盟国に要請していた。サッチャーもCHOGMではこのECの方針を受け入れると明言した。ただし彼女は南アフリカの黒人たちを救うために、イギリス企業に巨額の損失を負わせる気は毛頭なかった。結局、サッチャーはさらなる経済制裁には同意できなかったのである。

その一方で、南アフリカのアパルトヘイトを瓦解《がかい》させるもうひとつの方策として考えられたのが、ANC（アフリカ民族会議）の指導者で一九六二年以来「虜囚」の身となっていた、ネルソン・マンデラを釈放させることだった。実は、南アフリカ政府にマンデラ釈放を初めて要請した外国の指導者はほかならぬサッチャーだった。一九八四年六月にボータ首相をチェッカーズに招いたときのことである。しかしボータはこのときは聞く耳を持たなかった。

一九八六年三月に特別使節団が南アフリカを訪れたとき、彼らは牢獄でマンデラとも会見を行っていた。このときマンデラはこう語っていた。「サッチャー女史がゴルバチョフ書記長を話し合い《ビジネス》のできる人物と見抜かれたように、私の場合にはもっと話し合いをスムースに進められると彼女にお伝えください」。しかしこのときはサッチャーは、仮にマンデラを釈放したとしても、いままでのようにANCはその後も政府に対する武力闘争を続けるのではないかと懸念を感じていたのである。

むしろマンデラの釈放により積極的だったのは、エリザベス女王のほうだったと言われている。こののちもイギリス自体は強硬な経済制裁は取らなかったものの、南アフリカ周辺のアフリカ諸国やEC、そして日本など先進国による様々な圧力が続けられた。その背後には、コモンウェルス諸国の首脳たちを動かした女王の姿が見られたとされる。

一九九〇年二月一一日、ついにマンデラは釈放された。その投獄生活は二七年以上に及んだ。この年の「コモンウェルスの日」（毎年三月の第二月曜日に設定）に、女王は恒例の演説を行った。「家族の一員であれば、お互いの関係を認めあうのも難しくないはずですし、血縁関係にも重きを置くはずです。家族であれば、いざというときに、現実感覚からも愛情からも、ひとつにまとまることができるのです。家族はお互いの特別な資質を認めあっているからです。とりわけ、家族は家にいるときにこそ、お互いの存在を強く感じているはずです。だから私たちはコモンウェルスを形成しているのではないでしょうか」。

アパルトヘイト廃止と二人への勲章

釈放された翌一九九一年にマンデラはANCの議長に選出された。この年のCHOGMは、ジンバブエのハラレで開催が予定された（一〇月）。マンデラはここに「オブザーバー」として初めて出席を許可される。一〇月一六日の会議初日の晩に、いつもの晩餐会が首脳たちのために開かれた。マンデラは「首脳」ではないのでここには招かれていなかったのであるが、勘違いをして会場に来てしまった。

と、ここで女王秘書官のロバート・フェローズが機転を利かせた。彼はすぐさまマンデラを、首脳たちの到着を待つ女王のところに案内した。女王もマンデラが晩餐会に出ることに大賛成だった。やがて各国の首脳たちが会場に到着したが、マンデラと女王は最初から二人で首脳たちを待ちわびていたかのように、その後もなごやかに晩餐の席に着いた。

エリザベス女王とマンデラ大統領，1995年３月　女王からメリット勲章を授与されたとき

その二年後の一九九三年、南アフリカ政府は正式にアパルトヘイトの廃止を宣言した。その年のノーベル平和賞は、マンデラと彼とともに廃止に尽力したフレデリック・デクラーク大統領に授与された。その翌年、デクラークの後任にマンデラが選出される。それと同時に南アフリカはコモンウェルスに復帰した。四年前に女王が演説で触れたとおり、まさに「家族の一員」として戻ってきたわけである。

一九九五年三月、エリザベス女王の姿は南アフリカ共和国のヨハネスブルクにあった。想えば四八年前の四月、彼女が初めて海外訪問を果たしたのがこの南アフリカだった。そこで彼女は全世界に向けて「私の全人生は、それが長いものになろうが短いものになろうが、われわれのすべてが属する大いなる帝国という家族への奉仕に捧げられることになるでしょう」とラジオで演説したのである。

それからのおよそ半世紀で、南アフリカも大きく変わり、女王自身も変わった。しかし変わらないのは、彼女がコモンウェルスという家族に捧げる愛情であろう。

一九九五年の訪問時に女王はマンデラ大統領にメリット勲章を贈った。通常であれば、共和国の大統領には「政府の裁量で」バース勲章勲一等（GCB）が与えられるところであるが、メリット勲章は「君主の裁量で」与えられる名誉で外国人に授与されるのは稀である。マンデラの前に授与された外国人は、かのマザー・テレサ（一九八三年）であった。この名誉は単に政治的な偉業だけではなく、公共の福祉や人権問題で顕著な功績のあった人物にも贈られる、特別な勲章なのである。女王の心からのプレゼントであった。

マンデラが釈放された一九九〇年二月から九ヵ月後、一一年半もの長きにわたりイギリス政治を主導してきたサッチャーが退陣した。コモンウェルスをめぐってはその「確執」が取り沙汰《ざた》されたものの、女王の論功行賞は公明正大であった。女王は彼女にもメリット勲章を贈ったのである。

ルサカでのCHOGMなど、事あるごとに女王と協力してアフリカにおける人種差別政策の撤廃に尽力したザンビアの大統領カウンダはこう断言する。

女王はコモンウェルスをひとつにまとめる接合剤《セメント》である。この母親なくしては、様々な諸国からなる家族はもう何年も前に離散していたことだろう。この点を忘れてはならない。われわれは植民地の歴史という単なる偶然によって一緒になっているのではない。信念によってともにあるのだ。

二〇世紀後半の世界に登場したコモンウェルスという類い稀なる共同体は、女王とともにあるだけではなく、女王の人生そのものなのかもしれない。

第Ⅳ章　王室の危機を乗り越えて――ダイアナの死と在位50周年

女王の身の危険――マイケル・フェーガン事件

一九八〇年代には、コモンウェルスを舞台に国際的な活躍の目立ったエリザベス女王であったが、九〇年代に入ると途端に、国内外双方で数多くの試練に苛《さいな》まれていく。しかしその萌芽《ほうが》はすでに一九八〇年代にも見られていたのである。

一九八一年六月の女王公式誕生日に行われたパレードでは、女王自らが馬に乗り行進に加わった。すると突然銃声が鳴り響いた。警備兵はすぐさま犯人を取り押さえた。乗馬の達人である女王は銃声に驚く愛馬を見事に御《ぎょ》すことができた。犯人はまだ一七歳の無職の青年であり、放たれたのは六発の空砲であったため、けが人はいっさい出なかった。

さらに翌一九八二年七月九日には、より深刻な事態が生じた。フォークランド戦争での勝利とウィリアム王子の誕生で、興奮冷めやらぬさなかのロンドンでのこと。女王はバッキンガム宮殿の寝室でいつものように休んでいた。まだ夜も明けぬうち、女王は物音に気づいた。女中《メイド》が朝のお茶を持ってくるには早すぎる時間だ。女王の部屋に立っていたのは見知らぬ男。

男は黙って女王を見つめていた。女王は冷静沈着に「出て行きなさい」と男に命じたが、一向に出て行く気配を見せない。この間に女王は二度も非常ボタンを押していたが、誰も助けには来なかった。

女王はそのまま落ち着いて、男と世間話など始めた。すると話し声を不審に思い女中が入ってきて男に気づき悲鳴を上げた。ここでようやく近習《ペイジ》や警備員がやってきて男を取り押さえた。男の名はマイケル・フェーガン。無職で三一歳とのこと。しかもフェーガンの「侵入」は実は二度目だった。一週間前に彼は何気なく宮殿の塀によじ登り、いとも簡単になかに入ることに成功した。台所で飲食までして、部屋もいろいろと見ていったようである。

この不用心な警備体制に女王は憤慨した。サッチャー政権のホワイトロウ内相が辞表を提出したが、さすがに女王もそこまでは要求せず、辞任を撤回させた。とはいえ、この事件は女王陛下の警備の手薄さを世間に知らしめ、王室にとってもとんだ恥さらしとなった。

在位二五周年記念《シルヴァー・ジュビリー》からまだ四、五年しか経っていなかったなかでのこのような不祥事に、女王も衝撃を受けた。王室が国民の注目の的であることは今の世に始まったことではない。さらに王族がいつも危険にさらされる可能性が高いことも重々承知ではある。ヴィクトリア女王など、生涯に八度も暗殺未遂の目に遭ったほどだった。さらに前章で見たとおり、一九七四年にはアン王女も宮殿前で誘拐騒ぎに巻き込まれている。

しかしこのマイケル・フェーガンによる侵入事件は、ある意味ではその後の王室の運命を予兆する出来事だったのかもしれない。事件からちょうど一〇年後に、女王と王室とは国中からさらに好奇の目で見られるような事態に遭遇するからである。

「ひどい年《アヌス・ホリビリス》」と王室の試練

一九九二年という年は、イギリス全体にとっても、さらには王室にとっても厄介な年となった。この三年前の一九八九年一一月には、三〇年近くにわたってヨーロッパの米ソ冷戦を象徴する建造物となっていた「ベルリンの壁」が倒壊した。翌一九九〇年一〇月、ついに東西のドイツも統一される。さらに一九九一年の一二月にはソ連も解体され、米ソ冷戦の時代にも幕が引かれる。ヨーロッパでの東西対立は一挙に溶解し、かつてソ連支配下にあった東ヨーロッパ諸国も次々と西側との和解に乗り出した。

それと同時に、第二次世界大戦後のベネルクス（ベルギー、オランダ、ルクセンブルク）三国の形成に端を発する「ヨーロッパ統合」の波が、大陸全体を包み込むようになっていった。イギリスも一九七三年から加わったECという共同体が、さらなる統合強化に向けて動き出す。一九九一年一二月、オランダのマーストリヒトでEC理事会が開催された。ここではEC議会の権限を拡大する制度改革や通貨統合（ヨーロッパに中央銀行を創設し、統一通貨を導入する）などが話し合われた。

ジョン・メイジャー首相も会議に出席し、通貨統合と共通の社会政策からは「適用除外《オプトアウト》」

を受けるかたちで、マーストリヒト条約に合意し、翌一九九二年二月に調印も済ませた。イギリスはいまだ「ポンド」という通貨に誇りを持っていると同時に、経済的に脆弱《ぜいじゃく》な南欧の国々まで加わる可能性の高い、新たな統一通貨の先行きに懸念も抱いていた。

ところが一九九二年九月には、そのポンドに対する投機筋の攻勢が激化し、ポンド危機が続いた。ついにイギリスは「ERM（ヨーロッパ為替相場メカニズム）」から脱退する。この過程で政府は利子率の上昇などで必死に対応したが、ほとんど効果が現れなかった。為替変動が始まった九月一六日は、俗に「暗黒の水曜日《ブラック・ウェンズデー》」などと呼ばれた。

このようなご時世に、イギリス王室に次々とスキャンダルが持ち上がっていく。まずは女王の長女アンである。中学・高校をケント州（イングランド南東部）の全寮制の女子校で過ごした彼女は「男勝り」な性格で、母親と同じ乗馬の趣味を持っていた。一九七六年にはモントリオール・オリンピックの馬術競技にイギリス代表として参加している。その三年前の一九七三年一一月、乗馬が縁となって彼女が結ばれたのがマーク・フィリップス陸軍少尉。ミュンヘン・オリンピック（七二年）の馬術（団体）金メダリストである。二人はウェストミンスター修道院で華やかな結婚式を行い、長男（ピーター）と長女（ザラ）にも恵まれた。しかしやがて夫婦生活に行き詰まり、一九九二年四月には離婚となってしまった。ところがその年の一二月には、かつて彼女に侍従武官として仕えたティモシー・ローレンス海軍中佐とすぐに再婚してしまう。

続いて次男アンドリューである。彼は一九八六年七月に、セーラ・ファーガソンと結婚し、ヨーク公爵の爵位を授けられた後に、ベアトリスとユージェニーの二人の娘が生まれた。しかし彼も結婚から六年足らずで夫婦生活が破綻し、九二年三月には別居が決まった。

さらに追い討ちをかけたのが、チャールズとダイアナの関係であった。前章でも見たとおり、二人は電撃的な再会の後に電撃的に結婚した。しかしこれが誤りだった。二人は性格も趣味もまったく違ったのに、わずか数回のデートだけで婚約・結婚に踏み切ったのだ。ウィリアム（一九八二年六月）とヘンリ（八四年九月：家族内ではハリーと呼ばれる）の二人の王子を授かったものの、すでにこの頃までには夫婦仲も冷え切っていた。

一九九二年六月七日、作家のアンドリュー・モートンが『サンデー・タイムズ』紙上で自著『ダイアナ妃の真実』から抄録の掲載を開始した。そこには彼女とチャールズとの真実の関係、夫が彼女に飽き足りなくなりかつての「恋人」カミラ・パーカー・ボウルズとの不倫に走ったことなどが赤裸々に綴られていた。連載開始と同時に、瞬く間に世界中に衝撃が走った。それと同時に世間はダイアナに強く同情を寄せるようになる。反対にチャールズへの憎悪は日増しに強まっていく。

相次ぐ子どもたちのスキャンダルに女王夫妻は心を痛めた。自分たちはこの年、結婚四五周年を迎えるというのに、一九七〇～八〇年代に幸せな結婚を成し遂げたはずの子どもたちが、九二年には次々と不幸な結末を迎えたのである。

女王自身の「負い目」

女王自身にも実は「負い目」があった。わずか二五歳で君主に即位したことで、子どもたちをしっかり育ててやれなかったという負い目である。彼女が女王になったとき長男のチャールズはまだ三歳三ヵ月であった。息子としてはもっと甘えていたかったであろうに、その日からエリザベスには「第一に女王、第二に妻、そして第三に母」という優先順位がつけられるようになってしまったのだ。日常の公務はもとより、国内外への様々な公式訪問などで女王もエディンバラ公も忙殺された。

それだけではない。チャールズと父フィリップとは幼少期から肌が合わなかった。軍人出身で息子を「男の中の男」に育てようとする昔気質《むかしかたぎ》の旧弊な父に、チャールズは反発した。そこで頼ったのが、祖母のエリザベス皇太后と大叔父のマウントバッテンだった。しかしここで甘やかされたのがよくなかったのかもしれない。高校時代には寮生活で壮絶ないじめに遭い、「地獄のような生活」を送ったとされる。

父フィリップにとってより気が合ったのは長女アンのほうだった。自分に自信があり、堂々としたアンは、フィリップからすれば「男に生まれたほうがよかった」女の子だった。さらに次男アンドリュー（一九六〇年二月誕生）と三男エドワード（六四年三月誕生）は、ともにエリザベスが女王になってから生まれた子である。両親はさらにかまってやることができなかった。子どもたちはすべて乳母《ナニー》に育てられ、あとは通常の学校教育を受けた。

このようにエリザベスは肉体的に子どもたちと接するのが苦手で、彼らが思春期を迎えた頃には、彼らの相談に十分に応えることもできなかった。それが一九九二年に相次いだ一連の騒動の原因のひとつとなっていたかもしれない。女王は強い悔悟の念にとらわれた。

こういうときは何をやってもうまくいかないものである。二月に女王はオーストラリアを訪れたが、一五年前の在位二五周年記念のときのような熱狂ぶりは消え失せ、国民からの歓迎もいま一つ盛り上がりに欠けるものだった。一〇月には、統一されてから初めてのドイツ訪問を行ったが、東部の古都ドレスデンでは大戦中の空爆（これで街は灰燼《かいじん》に帰した）に対する反感から、卵を投げつけられるという事件まで起こった。

消防士とともに火災現場を視察する女王，1992年11月

そして極めつけは一一月二〇日の晩である。ウィンザー城で漏電による火災が発生し、炎は瞬く間に拡がった。国賓を迎えての晩餐会などを開くセン

ト・ジョージの間など九つの部屋が全焼した。被害総額は六〇〇〇万ポンドに達するとされた。政府は国家予算を修復費に充てようと考えていたが、それを知った新聞各紙はいっせいに国税の投入に反対の意を表したのだ。これを受けて政府もついに断念した。二〇日は、女王とエディンバラ公のサファイア婚式（結婚四五周年）の当日だったのに、散々な記念日となってしまった。

その四日後。女王はロンドン市長主催の晩餐会に招かれていた。この年は女王自身にとっても「在位四〇周年記念《ルビー・ジュビリー》」の年だった。しかし、国民の多くはほとんどそれに無関心で、むしろ王子や王女のスキャンダルに飽き飽きとしていた。この晴れの記念の席で、女王はこう嘆かずにはいられなかった。

一九九二年は、単純に喜んでばかりはいられない年であったといわざるを得ません。私がもう何年も文通している旧友の言葉を借りれば、今年は「ひどい年〔ラテン語でAnnus Horribilis〕」でした。こう思うのは私一人だけではないはずです。

このとき、女王は数日前に寒いなかウィンザーでの火災現場を検分したこともあって、少々風邪気味だった。そのかすれた声が演説を聴くものにいっそうの切なさを感じさせた。さらに彼女はこう続けている。

もちろん、公共生活を担う人々や制度に対して批判を展開することは大切なことです。市政であれ、君主制であれ、忠誠と支援を受けている人々からの精査から免れることなどできるはずがありません。しかし私たちはみな、同じ国民社会の組織に属しているのであり、お互いに精査するとしても、もう少し寛大さや善意、そして理解を示してもらってもよいのではないかと思うのです。

この二日後、庶民院での審議でメイジャー首相から、今後女王と皇太子はその所領収入から所得税を納入する旨が発表された。もはや「王室だけは特別」という時代ではなくなっていたのである。

ダイアナ、セーラとの離婚

それから二週間ほどが経った一九九二年一二月九日、メイジャー首相は再び王室問題について庶民院における審議で報告した。チャールズ皇太子とダイアナ妃が別居を決めたというのである。女王が「ひどい年《アヌス・ホリビリス》」演説を行った翌日、二人は住居であるケンジントン宮殿で相談し、最終的な判断を下したのだ。

その日、女王はすでに王室が年末年始を過ごすノーフォーク州サンドリンガムの別邸に移っていた。テレビのニュースなどまったく見る気配もなく、女王は別邸の庭をコーギーたちとゆっくり散歩した。この間に使用人たちはテレビで皇太子夫妻の別居の件を初めて知った。いつものとおりにエルメスのスカーフを頭に巻き、長いブーツとコート姿で散歩から帰ってきた女王に、彼らは「何とも残念なことです」と声をかけた。しかし、女王は「すべてよい方向に向かうでしょう」と淡々と応えたとされる。

ところがそれは甘い見通しであった。こののち彼女はさらなる試練に苛まれていく。別居から三年後の一九九五年一一月二〇日、BBC（英国放送協会）のテレビがダイアナへの独占インタビュー番組を放映した。そこでは『ダイアナ妃の真実』でも暴露された、チャールズとカミラの関係や、自身もそれに対抗するかたちで複数の男性と不倫を重ねたことなどが率直に話された。さらにダイアナはこう続けた。「チャールズは将来国王にはなれないと思います」。ウィンザーでの火災からちょうど三年後の、これまた女王夫妻の結婚記念日にぶつけてきたようなこの番組を、全国で二二八〇万人もの人々が見たという。

その翌年、一九九六年八月二八日に、チャールズとダイアナは正式に離婚した。一五〇〇万ポンドに及ぶ慰謝料やケンジントン宮殿での居住権、王子二人に関する共同の養育権などが条件であった。同年五月にはアンドリューとセーラも正式に離婚していた。

ダイアナ事件の衝撃

その翌年、一九九七年八月三一日の午前一時少し前。バルモラル城の電話がけたたましく鳴り響いた。フランス駐在のイギリス大使からの電話であった。いったいこんな時間になにがあったのか。

前年に皇太子と離婚したダイアナが、恋人で大富豪の御曹司ドディ・アルファイドとパリで自動車事故に遭い、意識不明の重態だというのである。電話を受け取った女王副秘書官はすぐさま女王と皇太子に事情を説明したが、その直後にダイアナとドディの死を知らせる第一報が飛び込んできた。

八月三一日はちょうど日曜日だった。女王にとって、ダイアナはもはや「王室の正規のメンバー」ではなかった。それどころか、離婚後もたびたびマスメディアに登場しては王室を蔑《ないがし》ろにしている彼女に、正直不愉快な感情を抱いていた。この日の日曜礼拝もバルモラルで普段どおりに済ませ、いつもの日曜の生活を送っていた女王であった。

ところがイングランド北東部のダーラムで、家族とともに日曜礼拝を済ませてマスメディアからのインタビューに答えていたトニー・ブレア首相は違っていた。この年の五月の総選挙で一八年ぶりに労働党に大勝利をもたらし、四三歳という二〇世紀では最年少で首相に就任していたブレアは、「彼女は人々から愛された民衆の皇太子妃《プリンセス》だった」と述べ、ダイアナに深い哀悼の意を表したのである。

これとは対照的に女王は沈黙を守り続けた。当時バルモラルに滞在していたウィリアムとハリーへの気遣いから、彼らをマスメディアから遠ざけておくという意味もそこにはあった。しかしそれは、イギリス国民の多くとはかけ離れた考え方だったのである。

ダイアナの死が報じられると、イギリス各地から無言の人々がロンドンに集まり、バッキンガム宮殿やケンジントン宮殿のゲートの前に花やキャンドル、カードを次々と手向けていった。人々は宮殿前からいつまでも去ろうとはせず、この「民衆の皇太子妃」のために涙を流し続けていた。

これを受けて新聞各紙（特にタブロイド紙）はロンドンから遠く八〇〇キロのかなたに閉じこもり続けている女王に対し、いっせいに非難を浴びせることになった。「あなたの国民は悲しんでいる。話しかけてください陛下！」（『ミラー』）、「あなたの哀悼を見せてください」（『エクスプレス』）。さらにマスメディアは、バッキンガム宮殿に追悼の半旗を掲げるべきだとも主張した。「われらが女王はいずこに？　彼女の旗はどこに？」（『サン』）、「宮殿に半旗を掲げよ！」（『デイリー・メール』）。

女王不在時にロンドンで政府やスペンサ家（ダイアナの実家）と連絡を取り合って対応に追われたのが、女王秘書官のサー・ロバート・フェローズだった。実は彼はダイアナの義兄にあたっていた。妻ジェーンがダイアナの実姉だったのである。その意味でもフェローズは王家とスペンサ家の仲立ちになれたし、ロンドンで実際に国民の多くの行動を見聞し、これは王室も何か手を打たなければならないとひしひしと感じるようになっていた。

「姿を見せない女王」。実はそのような人物がこれより一三〇年ほど前にもう一人いた。女王の高祖母ヴィクトリア女王である。一八六一年一二月に最愛の夫アルバートに先立たれたヴィクトリアは、以後、ロンドンやウィンザーに姿を見せることは稀となり、バルモラル城やイングランド南部のワイト島に建つオズボーンの別邸でその一年の大半を過ごすようになった。いずれもアルバート自身の設計になる、アルバートとの思い出がいっぱい詰まった建物だった。しかしそれが国民に誤解を与え、「女王は責務を果たしていない」「もう女王などいらない」と、一八六〇年代末には俗に「共和制運動」と呼ばれる反君主制の動きがイギリス全土で見られることになった。

やがてヴィクトリアは「国民に姿を見せることも君主の責務のひとつなのだ」と悟り、一八七〇年代初めまでにはロンドンやウィンザーでも執務を行い、君主制は存続できた。まさにこのときバルモラルに閉じこもり、下界から切り離されていたヴィクトリアの姿は、一九九七年夏のエリザベスのそれと同じであった。女王もこのままでは国民から誤解され、君主制の危機にまで発展してしまう。

事件が与えた教訓

実は女王自身も国民を誤解していた。いまの国民は二〇年前に彼女の在位二五周年記念を盛大に祝ったときとは、大きく異なっていたのだ。式典の二年後に首相に就任し、イギリス経済をどん底から救い出したサッチャー首相の数々の政策はたしかに見事なものだった。しかしそのサッチャリズムの代償が、貧富の格差をさらに拡げることにつながった。「金融ビッグバン」の波に乗って、一〇万ポンド以上もの年収を稼ぐ若者もいれば、廃坑で職を失った炭坑夫も、この国には大勢いたのである。彼らは、サッチャリズムの恩恵から「置き去りにされた人々《レフト・ビハインド》」だった。

ダイアナのために宮殿に集まって花やカードを捧げた人々の大半は、失業者や中産階級以下の女性、子ども、そして海外から移住してきた非白人系の労働者たちだった。彼らはみな「置き去りにされた人々」であり、彼らから見ればダイアナもまた王室から「置き去りにされ」、自分たちと同じ境遇のなかで苦しみ、亡くなった悲運の人だった。

対する女王は、パブリックスクールの名門中の名門であるイートン校の出身者や、同じくジェントルマン階級の子弟である元近衛兵などの宮廷官僚たちに長い間囲まれて、いつしか民衆の心など見えなくなっていたのかもしれない。こうした世間一般とのズレが、「ダイアナ事件」での女王の対応が後手後手に回る最大の要因になっていたのである。

フェローズ秘書官からの進言に基づき、女王はバッキンガム宮殿に半旗を掲げることに同意した。ただし自らの紋章旗ではなく、国旗（ユニオンジャック）である。さらに九月五日（ダイアナの葬儀の前日）には家族全員でロンドンに戻ってきた。通常であれば女王の車はそのまま宮殿のゲートを通るところであったが、この日、女王はゲートの前で車を降りた。そ

バッキンガム宮殿の外にあるダイアナ妃への献花，贈り物を見る女王夫妻，1997年９月５日

こで彼女が目にしたものは、うずたかく積まれた花束やカードの山だった。

エディンバラ公も、ウィリアムもハリーも、国民からの弔意《ちょうい》に目を見張った。警備のためゲートに近づけない人々のために花を受け取り、王子たちはそれをそっと供えた。女王も一人の女の子が五本の赤いバラを持ってきたので「これを門の前に供えてあげましょうね」と受け取ろうとすると、少女はこう答えた。「いいえ陛下。これはあなたのために持ってきました」。周囲の群衆からは拍手が鳴り響いた。

こののち女王はすぐさま宮殿に入り、午後六時からはBBCのテレビ・ニュースで演説が始まった。画面を直視する喪服の女王はこう国民に語り出した。

日曜日の恐るべき知らせ以来、私たちはイギリス全土、そして全世界がダイアナの死を悼んでいる様子を見てきました。〔中略〕この喪失感を表現するのは容易なことではありません。最初に受けた衝撃は、しばしば他の感情と入り交じってしまうものだからです。疑惑、無理解、怒り、そして残された者たちへの興味。私たちはこうした感情をこの数日間抱いてきました。ですから、女王として、さらには孫たちにとっての祖母として、私が心から伝えることができるのは、いまはこれだけなのです。

この演説によって、国民やマスメディアの女王に対する怒りは収まった。翌九月六日、ダイアナの葬儀は「準国葬」ともいうべき待遇で予定通りに行われた。王族も九七歳の皇太后をはじめすべて参列した。その模様はテレビ中継され、全世界で二五億人以上の人々が画面に釘付けになったと言われている。こうして「民衆の皇太子妃」の葬儀は無事に終わった。

王室支持率の急落

しかし「ダイアナ事件」は王室にとっての新たな試練の始まりでもあった。これを機に、王室の支持率も一時的に急落したからだ。特に、ある意味ではダイアナを不幸に追いやったチャールズ皇太子への風当たりはさらに強まった。世論調査では「女王の後には、チャールズではなくウィリアムが国王に即位すべきだ」と答える者のほうが、チャールズへの正統な継承を望む者より圧倒的に多くなるほどであった。

実は「民衆の皇太子妃」として庶民からは慕われていたダイアナであったが、上流階級や上層中産階級など、いわゆるエリートの人々のあいだでは、ダイアナは嫌われていた。スペンサ伯爵家という名門貴族の家に生まれた彼女が、上流階級のあいだで嫌われていたというのは不思議に思われるかもしれないが、彼女は不幸な少女時代を過ごした。両親が六歳のときに離婚し、継母ともうまくいかなかったダイアナは、上流階級としての教育を受けられぬままに、日本でいえば中学校卒業程度で教育を終えてしまったのである。

このため上流階級に特有の礼儀作法や教養にも欠け、彼女がむしろ「庶民派」だったのはこのためだったのかもしれない。それと同時に、それまでの古くさい王侯貴族のあり方からも自由に育ったのかもしれない。ダイアナは、子育てがひと段落済むと、様々な慈善活動《チャリティ》に精を出すようになった。それは離婚して王室を離れてからも、対人地雷禁止運動やエイズ患者への支援という自らが立ち上げた団体を通じて続けられた。

彼女がパリで事故死し、葬儀が行われるまでの一週間、テレビ・ニュースは連日のように彼女がこうした慈善活動で活躍した姿を映し出した。いつしか視聴者は、自分たち弱者のために手を差し伸べてくれたのはダイアナだけで、他の王族たちは何もしてくれないと誤解するようになっていった。ダイアナが慈善活動に邁進《まいしん》したのは、実は最後の数年だけであって、イギリス王室こそが一九世紀半ばから率先して慈善活動を主導してきたのだ。

先に記したヴィクトリア女王の夫君アルバートはその嚆矢《こうし》であり、「慈善活動の先陣を切り、われわれの生活をより高次の純粋なものにしていくための種々の努力を指導して、激励していくこと」が王室の使命であると、彼は常々家族にも言い聞かせていた。ヴィクトリアの時代までに、君主制は、義務、奉仕、自己犠牲、安定性、威厳、道徳的原理などの価値観を具現化する最大の存在となっていた。

二〇世紀末になってもそれは変わらなかった。ただし変わったことは確実にある。それは慈善活動を進めていく「方法」だった。王室も貴族も慈善活動は「慎ましく行う」のが筋であると、一九世紀以来の慣習や伝統を重んじていた。しかし二〇世紀の末には、それでは誰も気がついてくれない状況となっていたのである。ダイアナは違った。彼女は自身が派手に着飾って、慈善パーティーや競売《オークション》などに率先して出席し、世間にもっと団体やその活動をアピールする術を心得ていたのだ。おかげで彼女が関わる慈善団体の催しは、いつも大入り満員となり、収益金の額もひと桁違っていた。それがまた他の王族たちの嫉妬《しっと》やねたみの対象にもなり、彼女のやり方は上流階級から厳しい目で見られていた。しかし時代に的確に対応していたのはダイアナのほうだった。

女王を筆頭とするウィンザー王家の方法は、無口で遠慮がちで自制心に満ち、形式にこだわり、義務と規律を重んじるという質実剛健なものだった。ジョージ5世の時代であればそれでも通用しただろうが、いまやエリザベス2世の時代なのである。むしろ少々軽薄かもしれないが、人々に近づきやすく、魅力に溢れ、ありのままの姿をさらし、傷つきやすく、無邪気で感傷的なダイアナのほうが、より人間味があると人々からは思われた。

こうした時代の変化を感じ取った方策が、今後の王室には必要になってくる。「ダイアナ事件」で一時は窮地に陥った女王は、すぐに失敗から学び取れる君主であった。時代に乗り遅れたら、必ず君主制は亡びる。一九九七年という、九二年に続く王室の危機の年に、女王はいやというほどそれを味わわされた。それはダイアナの死から三ヵ月半ほど経ったこの年の末に最終局面を迎えていく。

初めて見せた涙――ブリタニア号の退役

一九九七年の早い段階で、メイジャー政権は王室《ロイヤル》ヨット「ブリタニア号」の退役を決定した。一九五三年四月一六日に進水式を行ったブリタニア号は、その翌々月に世紀の戴冠式を控えていたエリザベス女王にとって、まさに君主としての人生そのもののような存在だった。翌五四年に、戴冠式後の世界周遊の旅の後半を担うことになったブリタニア号は、爾来《じらい》四三年にわたって九六八回の航海で、女王や王族らを世界中に運んだ。その総距離は一〇八万七六二三マイル（一マイルは一・八五二キロ）に及ぶ。単純計算すれば、毎年地球を一周したことになる。立ち寄った港の数は六〇〇以上、廻った国の数は一三五であった。

長さ一二五・六五メートル、重さ六〇〇〇トン弱で、最大で二二・五ノットの速度を出す

ブリタニア号の退役に涙する女王，1997年12月

ことができるこの船には、イギリス海軍から二〇名ほどの将校が二年交替で勤務に就き、二二〇人の乗組員がそれを支えた。女王が国賓として各国を公式訪問する際にこのヨットを使う場合には、答礼晩餐会の会場としても使用された。二五〇名もの賓客をもてなすことができ、食後の余興を楽しむ劇場まで完備されていた。さらに戦時にはいつでも対応できる施設もあり、X線装置や歯科診療所まで備え付けられていたのだ。まさに「大海原を渡る迎賓館」といった存在であった。

しかし王室への風当たりが強まり、イギリス全体の景気まで落ち込んだ一九九〇年代に入ると、年間で一一〇〇万ポンドにも及ぶブリタニア号の維持経費が問題とされるようになっていた。ついに政府は女王に「退役」を勧めることにした。最後の航海は一九九七年六月三〇日、目的地は香港だった。東アジアにおける最後のイギリス領であった香港は、七月一日、中華人民共和国に返還されることになっていた。女王の名代としてチャールズ皇太子が現地に赴き式典に出席した。そのチャールズを運ぶ旅が、ブリタニア号最後の「お務め」となったのである。

それから半年後の一二月一一日、ポーツマス海軍基地でブリタニア号の退役式典が厳かに執り行われた。真っ赤な帽子とコートに身を包む女王は、感極まって涙を流した。それは、冷静沈着を絵に描いたような女王が人前で初めて見せた涙であった。ダイアナの葬儀のときには涙ひとつ見せなかった彼女にとって、香港の返還といい、ブリタニア号の退役といい、確実に時代が移り変わっていることを教えてくれる出来事だったのかもしれない。

退役後のブリタニア号は、スコットランドのエディンバラ北部の港リースに停泊し博物館として活用されている。年間二五万人以上の観光客が訪れるスコットランドでも有数の名所として、この王室ヨットはいまや王族だけではなく、すべての人々から愛されている。

四三歳の首相と女王の関係

女王に数々の試練が与えられた一九九七年に、イギリス政治に颯爽《さっそう》と現れたのが先にも紹介したトニー・ブレアの労働党政権であった。ブレアが登場したのは、イギリス政治が再び曲がり角にきている時期でもあった。

トニー・ブレア（1953～）首相在任（1997～2007）20世紀で最も若く首相に就任．イギリスに未曽有の好景気をもたらした．だが地方分権化を進め，貴族院から世襲貴族を追い出し，コモンウェルスにまったく関心を示さないあたりが女王とは合わなかったとされる．首相退任後はいっさいの爵位・栄典を拒否したばかりか，カトリック教徒に改宗した

戦後初期には、労働組合を擁護して社会福祉を大々的に進める古典的な労働党の路線が主流を占め（第一の道）、それがサッチャー流の自由競争に基づく市場原理重視と、財政健全化のためには福祉もバッサリ切り捨てる時代になった（第二の道）。

ブレアが採った「第三の道」とは、サッチャー的な自由競争原理も活用しながら、向上心のある弱者（失業者など）には定期的な面談や職業訓練を施すことで、積極的な支援を行うものであった。こうした選挙綱領《マニフェスト》を背景に、一九九七年五月一日に行われた総選挙では、労働党は四一九議席（全議席の六三％）という未曽有の議席を獲得し、保守党（一六五議席）に対し地滑り的な大勝利をつかんだ。ブレアは早速にバッキンガム宮殿へと参内した。

謁見の際に、女王は四三歳の若き首相にこう伝えた。「あなたは私にとって一〇人目の首相です。最初はウィンストン［チャーチル］でした。まだあなたが生まれる前のことですが」。ブレアは彼女が戴冠式を行う前の月に生まれていた。ブレア自身の第一印象では、女王は人見知りをする一方で、意見は率直に述べる女性であった。

すでに最初のチャーチルの時代から、女王は議会会期中には毎週火曜日に時の首相と会見を行い、その時々の重要問題について話し合っていた。それが、ブレアが首相になってからは、毎週水曜日の正午から三〇分の「首相への質問時間」が設けられ、ここで与野党の党首が直接庶民院で論戦を交わすことになったため、火曜の夕刻はこの論戦の準備で首相官邸は大わらわとなるので、女王と首相との会見は水曜の夕方に移された。

女王と首相の会見内容はいっさい門外不出である。ただしそれは単なる形式的な謁見などではない。この点は歴代の首相たちも述べているとおりである。

コモンウェルスをめぐっては、たびたび女王との見解の相違が取り沙汰されたマーガレット・サッチャーはこう回想している。

　この拝謁が単なる形式的なものだとか、社交上の儀礼に限られていると想像する者がいたら、それは完全に間違いである。拝謁は地味で事務的なものであり、女王陛下は現下の問題について恐ろしいほどに深い理解と幅広い経験を有しておられた。

サッチャーの後任として保守党政権を率いたジョン・メイジャーも回顧録のなかで次のように述べている。

女王が、ウィンストン・チャーチルが首相だった時代から国家文書を読んでこられたことは、実に印象深い思い出となっている。「彼のお父さんを知っていますよ」と、さる政界の大物について女王は語られ、しかも実に鮮やかにその人物について描写される。私は、トニー・ブレアが彼女に助言を求め、彼女の反応に重きを置くことを望んでいる。私自身、何度もその重要性を認識させられたものである。

この二人の保守党の首相の反応とは対照的に、ブレアの回顧録には女王との定例会見に関する感想はほとんど現れてこない。女王は議会の休会中にあたる夏休みには、毎年七月末から九月半ばまでバルモラル城に滞在する。その間の一週間にわたり、時の首相夫妻をバルモラルに招待し、様々な話題について語り合っている。ブレアも首相に就任したばかりの一九九七年から毎夏、バルモラルに滞在したが、周囲にはまさに何もない陸の孤島ともいうべき山奥のことである。さすがにエディンバラ生まれのブレアにとって、それは退屈極まりないものであったようだ。

ブレア自身の言葉を借りれば、そこは「陰謀、超現実の世界、奇妙きてれつなもの」の混ぜ合わせのような場所であり、朝昼晩と食事が山のように出てくる。一週間も滞在すれば「週末には一ストーン（約六・三五キロ）は体重が増えそうな」歓待ぶりのようである。ただしこの一週間にわたり、女王や王族とだけ過ごすという機会は、王室との関係を緊密にするうえでは「このうえなく好都合な」ものであったと、抜け目のないブレアは回想する。

ブレアによる急進的な国制改革

二〇世紀史上イギリスで最も若くして首相に就いたブレアは、就任から矢継ぎ早に急進的な国制改革に乗り出していった。なかでも女王にとって衝撃的だったのは、サッチャー政権時代に進められた中央（イングランド）集権体制を根底から覆し、地方への権限委譲《デヴォリューション》を進めたことであろう。

就任からわずか四ヵ月後の一九九七年九月には、スコットランドとウェールズで各々に住民投票を行わせ、それぞれに議会が設置されることに決まった。各地方に関する立法はすべてこの議会で決められていく。スコットランド出身のブレアらしい発想ではあったが、もはや連合王国内での「国民主義《ナショナリズム》」の動きも止められないような状況となっていたのである。それは女王が在位二五周年の際に、ウェストミンスター・ホールで両院議員たちを前に演説したときとは隔世の感があった。

また、この翌年の一九九八年四月には「聖金曜日の合意《グッド・フライデー》」が結ばれ、北アイルランド紛争にも終止符が打たれることになった。四半世紀にわたって停止されていた北アイルランド議会も新たに開設され、それまでお互いに武力行使をも辞さなかった各政党が「呉越同舟」するかたちで、議会で論戦を繰り広げていくことになった。

女王に衝撃を与えたもうひとつの政策が、貴族院の改革であった。二〇世紀末の段階で、世襲の貴族院議員は七〇〇名を超す状況となっていたが、一九一一年に制定された議会法で貴族院の権限が大幅に縮小されて以来、その審議は停滞していた。マクミラン政権期の一九五八年に、政界はもとよりその他の分野で功績が顕著であった者一代に限って男爵位を与える「一代貴族《ライフ・ピアー》」の制度が導入されると、貴族院も徐々に活性化されていく。

ブレア政権は、貴族院における世襲貴族の議席を廃止し、すべて一代貴族に置き換える改革案を出したのである。それは一〇〇〇年にわたって続いてきたイギリスにおける貴族制、さらには地主貴族《ジェントルマン》階級の尊厳を掘り崩すような政策であった。こののち与野党間の協議が続き、最終的には世襲貴族（七五九名）は互選で九〇名の議員を選び、空席ができたときに補欠選挙を行うこととなり、一代貴族（五〇〇名ほど）はそのまま議員にとどまることが決まった。貴族院における一代貴族の割合は、一九五八年の創設時（三・四％）から大幅に増加し、いまや八六・六％にまでなっている（二〇〇七年時点）。

ブレアによる地方改革や貴族院改革の動きは、このわずか半世紀の間にイギリス社会が大きく変わってしまったことを、女王に痛感させるようなものであった。

アジアでの騒動——帝国主義の残滓《ざんし》

大きく変わってしまったのはイギリスだけではなかった。世紀末を迎えたこのご時世である。女王が即位したおよそ半世紀前と比べれば、世界中が変容していた。

「ダイアナ事件」のほとぼりがまだ冷めぬうちの一九九七年一〇月、女王はパキスタンとインドを公式に訪問した。女王がこの両国を初めて訪れたのは一九六一年のことである。ちょうど亡きダイアナが生まれた年のことだ。女王も各地で大歓迎を受け、生まれて初めて象に乗って行進したのもこのときだった。それから三六年の年月が経つうちに、イギリスの世界的な位置づけは大きく変わり、かつてそのイギリス帝国によって支配されていた国々の感情もまた変わっていた。

一九九七年の訪問時に、女王とエディンバラ公はインド北部の街アムリットサルを訪れた。同地ではこれより八〇年ほど前の一九一九年四月一三日に、俗に「アムリットサルの虐殺」とも呼ばれる事件が起こっていた。ちょうど第一次世界大戦が終結したばかりのことである。大戦でイギリスに軍事的・財政的に協力したインド帝国では、独立運動の機運が高まりつつあった。こうしたなかでインド政府は、ローラット法（破壊活動の容疑者に対して令状なしの逮捕や裁判なしの投獄を認めた法律）を制定し、これに民衆が抗議したのだ。

特にパンジャーブ州での抗議活動は日増しに強まり、四月一三日のその日はアムリットサルでおよそ一万二〇〇〇人もの人々が抗議集会を開いていた。するとそこへレジナルド・ダイヤー准将率いる部隊が乗り込み、民衆に向かっていきなり無差別に発砲を開始した。一五〇〇人以上もの死傷者を出したとされる。イギリス支配下のインド帝国史にとっての最大の汚点ともされた事件である。これを機に、マハトマ・ガンディーらによる独立運動が全国各地で支持を集めていくことになる。

それから七八年後の一九九七年一〇月一四日、女王は事件の現場を訪れ、慰霊碑に花輪を捧げたのである。これを機に女王に謝罪を要求してはどうかとの声もインドで挙がった。しかし女王はいっさい要求には応じなかった。イギリス帝国主義が犯した「非道ぶり」については、女王も十分に承知しているはずである。とはいえそれについて謝罪してしまうことは、ヴィクトリア女王以来の自身の祖先をすべて否定してしまうことにもつながりかねなかった。ヴィクトリア女王以降のイギリス君主はすべて「インド皇帝」も兼任していた。「アムリットサルの虐殺」事件のときには、最愛の祖父ジョージ5世が皇帝であった。

一九四七年八月にインドとパキスタンが独立を果たすとともに、インド帝国も消滅した。エリザベス2世は近現代のイギリスで、「インド皇帝」ではない初めての君主だったのだ。

しかもこのときには夫君エディンバラ公の「舌禍事件」まで加わった。実は、彼が海軍将校だった時代の親友の一人が、「虐殺の首謀者」ダイヤー将軍の息子だったのである。ダイヤーは事件の後「大佐」に降格されたものの、それ以上のお咎《とが》めはいっさいなかった。彼の息子からも事件の詳細を聞いていたエディンバラ公は、祈念碑に書かれてあった「死者二〇〇〇人を出した」という文字に疑問を持ったのである。それはあまりにも大げさではないか。けが人を含めての数なのではないか。このような公爵の感想はすぐさま現地の新聞で取り上げられ、いまだに「帝国意識」の強い軍人出身の「王配殿下」に対する風当たりが強まってしまったとされる。

マレーシアでのデモ隊による包囲

さらに翌一九九八年九月に、今度は女王夫妻は東南アジアのマレーシアへと向かった。ここもまた一九世紀以来、イギリス領マラヤとして大英帝国の支配下にあり、一九五七年に独立を果たしていた。

ところが女王が同国を公式訪問した時期（一九九八年九月二〇～二三日）は、折悪しくマレーシア政治史にとっても最悪の事件のひとつと重なってしまったのである。当時は、一九八一年から首相を務め、「ルック・イースト政策」（西欧ではなく日本や韓国をモデルとした意識改革や工業化の政策）で経済成長に一定の成果を収めていた、マハティール・ビン・モハマド率いる長期政権の時代であった。その彼の経済政策を支えていたのが、副首相で財務相のアンワル・イブラヒムである。

女王訪問の前年、一九九七年には「アジア通貨危機」が発生し、その対応策をめぐってマハティールとアンワルが真っ向から衝突する。そのようななかで、アンワルに同性愛の噂が広まり、一九九八年九月に彼は閣僚から罷免されると同時に逮捕された。やがて有罪判決を受けたものの釈放されたアンワルは、九月二〇日に首都クアラルンプールで一〇万人にも及ぶ支持者を集め、マハティールの退陣と改革を訴えて街中を行進したのである。マレーシアでこうしたデモ行進が行われるのはきわめて稀なことであったが、まさにその当日から女王の公式訪問が始まっていた。行進の後でアンワルは再び逮捕され、アンワルの支持者たちが抗議活動を再開した。

そのような折に、女王夫妻は首相官邸で開かれたマハティール主催の晩餐会に出席することになった。アンワルを支持する者たちは、一七年に及ぶマハティールの「独裁体制」にも怒りをぶつけていた。首相官邸前で抗議する彼らの前に、一台のリムジンが現れた。「こいつもマハティールの支持者に違いない」と群衆は車を取り囲んだ。しかしそれは、マレーシアの政治とは直接的に関係のない、女王陛下の乗る車だったのである。

大騒動の末に、群衆は自動車から引き離され、女王夫妻は無事に首相官邸に入ることができた。これまで世界各地を廻り、様々な経験を積んできた女王ではあったが、さすがにデモ隊に車を取り囲まれるという事態は初めてであった。

オーストラリアのゆくえ

そして二〇世紀も終わりに近づいて、女王が新たな戸惑いを感じていたのが、地球の反対側に位置する英連邦王国のひとつオーストラリアの存在であった。

女王がエディンバラ公とともに、戴冠式直後に「コモンウェルス・ツアー」（一九五三〜五四年）を行ったとき、二人は各地で大歓迎を受けた。当時は世論調査の結果を見ても、国民の六〇％ほどが君主制に好意的だった。ところが、一九八〇年代末頃から徐々に支持率が下がった。一九九四年以降になると君主制の支持者は四〇％を切り、逆に共和制支持者が五〇％ほどに上昇していく。その直接的な背景には、「ひどい年」以降に顕著に表面化した、イギリス王室のスキャンダルも影響していたのであろう。

同じく英連邦王国である隣国のニュージーランドでは、共和制への移行に反対する声が概ね五〇〜六〇％の間を保ち、一九九四年の統計でも君主制支持が五四％に対し、共和制支持は二八％にすぎない。また「帝国の長女」と言われて久しく、帝国内で初めて自治領《ドミニオン》となったカナダにしても、共和制への移行を掲げる勢力はあまり見られない。

この二つの白人移民系自治領と比べて、抜きん出て共和制への移行を叫ぶ声が多いオーストラリアの特殊な事情とはいったいどんなものなのだろうか。

実は、オーストラリアは自治領になる前の一九世紀後半頃から、すでに君主制やイギリス本国への反発が他の植民地に比べてもかなり強い地域だった。そもそもの植民地としての成り立ちも、イギリス本国で罪を犯した者の流刑地だったことから、本国の官憲に怒りや憎悪を抱く者やその子孫が多かったとしても不思議はあるまい。また一八四〇年代後半には、「ジャガイモ飢饉《ききん》」の煽りを受けてオーストラリアに移住するアイルランド系の人々が急増した。さらに一八六〇年代頃からは、アメリカ合衆国からの移民も増加した。彼らは「反イングランド」「反聖公会」（反イングランド国教会）「反王室」（共和制支持）という点で団結を見せるようになっていく。

これに比較すると、カナダもニュージーランドもイングランド系の移民が多く、宗教的にも政治的にも本国への反発はそれほど強くなかった。

とはいえ一九世紀後半から二〇世紀前半のオーストラリアが、すぐにイギリスからの独立を果たすことは難しかった。オーストラリアの政治や経済を支配する上流階級は本国との関係（特に経済的取引）を重んじていたし、イギリス流の生活様式や思想・慣習が彼らの間では拡がっていた。また、連邦を形成するオーストラリアの各州ごとでもイギリスに対する感情は異なっていた。さらに当時はまだオーストラリアに自前の陸海軍などなく防衛は本国任せだったし、経済全体を握っていたのはロンドンのシティだった。

二つの大戦とアジアへの接近

こうしたイギリス依存型の体制が大きく変化を見せていくのが、二〇世紀の二度の世界大戦を経験してからということになる。第一次世界大戦（一九一四～一八年）では、本国の参戦と同時にオーストラリアも加わり、ヨーロッパの西部戦線にも多くが派遣された。特にオーストラリア人にとってイギリス本国への怒りを感じる出来事が、一九一五年四月二五日の「ガリポリ上陸作戦」である。オスマン帝国がドイツ側について参戦したため、首都イスタンブールを攻略し、ダーダネルス海峡などを封鎖しようとイギリスが計画したのが、海峡の西側に位置するガリポリ半島への上陸作戦だった。

しかし計画はずさんなものであり、オスマン軍の攻撃が激しかったこともあり、作戦は散々な目に遭っての大失敗に終わった。このときオーストラリア軍は死傷者二万八一五〇名（うち戦死は八七〇九名）、ニュージーランド軍も死傷者七四七三名（うち戦死は二七二一名）という大きな犠牲を払ったのである。こののち、両国は第二次世界大戦にも参戦しているが、両国がすべての戦争で犠牲になった人々の追悼式典を行う日に選ばれたのは、この四月二五日である。いまでもこの日は「アンザック・デー（ANZAC Day）」と呼ばれ、両国と周辺の国々（トンガやサモアなど）で戦没者を追悼する行事が厳かに執り行われている。

さらに第二次世界大戦では、日英開戦後の一九四二（昭和一七）年二月一九日に日本軍の空爆でオーストラリア北部の街ダーウィンが被害に遭い、二四三名の犠牲者を出している。この四日前には、東南アジアにおけるイギリス軍の拠点シンガポールが日本軍によって陥落させられていた。もはや大英帝国はオセアニア地域の防衛にとってなんの助けにもならなくなっていたのである。これ以後は、アメリカ軍こそがオーストラリアとニュージーランドにとって最大の同盟者となり、第二次世界大戦後の一九五一年九月には三国の頭文字をとって「アンザス（ANZUS）条約」が結ばれ、南太平洋における安全保障の核となった。

こうして二つの世界大戦を経て、オーストラリアの「イギリス離れ」は決定的となっていく。それでも自国の農産物や工業製品を買ってくれる「得意先」であったうちはまだ関係も続いたが、一九七三年一月にイギリスがＥＣへの加盟を果たすと、露骨な「独立」政策が採られていく。

それまでは国歌はイギリス本国と同じ「神よわれらが女王を護りたまえ《ゴッド・セイヴ・ザ・クイーン》」が歌われていたのだが、一九七四年からは独自の国歌として「公明正大なるオーストラリアよ前進せよ《アドヴァンス・オーストラリア・フェア》」が採用された。これは一〇年後には、正式な国歌として登録される。

また翌一九七五年には、それまでオーストラリア市民にはイギリスと同じ栄典（勲章）が与えられていたのが、新たに「オーストラリア勲章」が制定され、国花であるゴールデンワトルと国を象徴するカンガルーやエミュー（ヒクイドリ科の鳥）をあしらった美しいデザインも考案された。さらに女王の名代としてイギリス貴族のなかから派遣されることの多かった総督も、一九七〇年代以降になると現地の貴顕が政府から女王に推薦されるかたちで就任するように変わっていた。

このようなオーストラリアの「イギリス離れ」は、次には「女王離れ」にもつながった。一九九一年には自由党の政治家マルコム・ターンブル（のちに首相となる）を指導者とする「オーストラリア共和制運動（ＡＲＭ）」という組織が立ち上げられた。この頃までにオーストラリアの輸出先の五五％以上を占めるようになっていたのは、イギリスやヨーロッパではなく、ＡＳＥＡＮ諸国や日本、韓国、台湾、香港といったアジア諸国となっていた。ヨーロッパからアジアへのシフトが本格化していた。

さらに一九七五年には、白人を最優先し、非白人系の移民を禁止するそれまでの「白豪主義」に終止符を打ち、オーストラリア政府は人種差別禁止法の制定に尽力した。これによりアジア系の移民が急激に増えるようになり、彼らアジア系の市民には「女王陛下など必要ない」という感覚も反君主制を唱える人々のあいだで広まっていった。

共和制の是非を問う国民投票

こうしたなかで自由党のジョン・ハワード首相は、西暦二〇〇〇年までに共和制への移行の是非を問う国民投票を実施すると公式に発表した。二〇〇〇年は、シドニーで夏のオリンピックが開催されることが決まっていた。そして一九九九年一一月六日に投票が実施された。君主制の存続を望んだ国民は五四・七％、共和制への移行を望んだ国民は四五・三％となり、およそ一〇ポイントの差をつけてオーストラリアは「女王陛下」を支持する。

実は、オーストラリアの共和制主義者も、完全に「女王」と縁を切ることまでは望んでいなかった。彼らの九割までが、たとえオーストラリアが共和制に移行したとしてもコモンウェルスとの関係はそのまま維持し、その首長に「女王陛下」がとどまることには賛成だったのである。共和制支持派には「女王」に対する複雑な思いがあったのだ。

一一月の国民投票の結果を見て、女王も安堵したのかもしれない。そして翌二〇〇〇年三月に女王はオーストラリア各地を訪れた。まるで投票の結果を確認しに行くかのような訪問でもあった。ここで女王は自らの立場を人々に表明した。

> 私はいつも明確に述べてきたことですが、オーストラリアの問題は、あなたがたオーストラリアの人々だけが民主主義的、国制的な手段で決められるのです。昨年も申し上げましたが、私は国民投票の結果を尊重しこれを受け入れます。昨年一一月の結果を受け、私は国制の下でオーストラリアの女王として全力を尽くしながらとどまり続けるつもりです。それはこれまでの四八年間に私が成し遂げようとしてきたとおりです。それが私の責務なのです。

このたびも含め、女王は二〇一一年までに合計で一六回もオーストラリアを訪問した。これ以降のオーストラリアの情勢はいまだ不透明な部分が多いが、エリザベス2世が女王でいる限りは、オーストラリアもこの君主を戴き続けることになりそうである。

妹と母の死

二一世紀に入った翌年、二〇〇二年二月六日に女王は「在位五〇周年記念《ゴールデン・ジュビリー》」を迎えた。イギリスの君主のなかでその在位が半世紀を超えたのは、ヘンリ3世（在位一二一六～七二年）、エドワード3世（在位一三二七～七七年）、ジョージ3世（在位一七六〇～一八二〇年）、そしてヴィクトリア女王（在位一八三七～一九〇一年）の四人だけであった。ただしスコットランド国王としての在位を含めれば、これにジェームズ1世（スコットランドではジェームズ6世、在位一五六七～一六二五年）も加えることができる。

エリザベスはこのなかでも最年長（二五歳）で即位した君主であった。女王自身も様々な感慨を抱いたことであろう。とはいえそれは、愛する父ジョージ6世の死に伴う即位でもあった。デイヴィッド伯父さんの「王冠を賭けた恋」で、突然王位を引き継がなければならなくなり、それからすぐに世界大戦に突入し、国民とともに戦って勝利を得た父王。しかしそのストレスは大変なものであったろう。五六歳で亡くなった父を不憫《ふびん》に思う女王であったが、この栄《は》えある在位五〇年の年にさらに二人の家族を失うことになる。

「リリベット」が在位五〇年を迎えたその日、四つ年下の妹マーガレットはロンドンのエドワード7世病院で危篤の状態にあった。もともと亡父に似てヘビースモーカーだったマーガレットは、終戦五〇周年を迎えた一九九五年に脳卒中で倒れていた。同じ年にかつての恋人タウンゼンド大佐が亡くなった。姉としては、マーガレットにタウンゼンドとの幸せな結婚生活を送らせてあげたかったが、女王としてそれはできなかったのだ。その後も車椅子での生活が続いたマーガレットは、二〇〇二年二月九日に静かに息を引き取った。享年七一。傍《かたわ》らには長男デイヴィッドと長女サラが付き添っていた。

マーガレットの遺体は、マールブラ・ハウスの女王礼拝堂に移され、そこから葬儀が営まれるウィンザー城のセント・ジョージ礼拝堂へと移送されることになった。妹の死を聞き、女王もすぐさまサンドリンガムの別邸からウィンザーにヘリで直行した。逝去から一週間後の二月一六日に葬儀はしめやかに執り行われた。葬送礼拝では、母エリザベス皇太后がガックリと肩を落として、亡き娘のために祈りの言葉を捧げていた。

それからわずか六週間後のこと。そのウィンザーで皇太后まで崩御《ほうぎょ》した。享年一〇一。夫の死から半世紀にわたって娘である女王やその一家を支えてきた、イギリス王室史上で最も長生きした王妃であった。晩年に健康の秘訣《ひけつ》を訊《き》かれ、「毎日忙しくすること！」と答える一方で、「それと同時に毎日飲むシャンパンとジントニックね！」と笑顔で続ける気さくな皇太后は、国民のすべてから愛される存在であった。

ただし彼女の言葉に嘘《うそ》偽りはなかった。娘が女王になるや、国事行為代行者（Counsellor of State）のひとりとして皇太后は政務に携わった。娘夫婦が戴冠式後にコモンウェルス・ツアーに出かけるや、マーガレットと分担して、七回の枢密顧問会議を開き、その間に赴任してきた外国大使から信任状を受け取り、功労者には栄典まで授与していた。

かつてアドルフ・ヒトラーは、一九三八年にジョージ6世夫妻がパリを公式訪問したときのニュース映画を鑑賞しながら、こう呟いたという。「この女はヨーロッパで最も危険な女になるだろう」。

エリザベス皇太后とチャールズ皇太子，2000年６月19日　皇太后100歳の誕生日を祝い，パレードを行った

ヒトラーの予見どおり、身体の弱い国王とは対照的に、エリザベス王妃は第二次世界大戦中も精力的に全国を廻り多くの国民を励ました。さらにその驚異的な体力と生命力を活かして、皇太后は最晩年まで公務に勤しんだ。一九九八年一月、サンドリンガムの厩《うまや》に馬を見に行こうとして滑り、左腰の骨にヒビが入ってしまった。すぐに手術をして恢復したが、彼女がこの年にこなした公務の数は四六件にも及び、キャンセルしたのは七回だけだった。この年の五月には、明仁天皇と美智子皇后が即位後に初めて国賓として訪英した。その折にも、夫妻を自らの宮廷であるクラレンス・ハウスで接遇し、その日の夕刻には杖を突きながらではあったが、宮中晩餐会にしっかりと出席していた。

そして二〇〇〇年八月四日に一〇〇歳の誕

生日を迎え、全国各地からお祝いの手紙が届いた。しかしやはり娘マーガレットの死が響いたのであろう。娘の葬儀の後から急激に体調を崩し、三月三〇日午後三時一五分、安らかに息を引き取った。死の床で彼女をじっと見守っていたのが、マーガレットのときと同様、孫のデイヴィッドとサラであった。

棺は四月二日に、ウィンザーからロンドンのセント・ジェームズ宮殿女王礼拝堂に移された。その三日後、皇太后の紋章旗で覆われた棺は、半世紀前の亡き夫のときと同様に、ウェストミンスター・ホールに移動し、そこで正装安置された。棺には彼女が一九三七年の戴冠式で被った王妃の冠が置かれた。冠の中央部では、かつて一九世紀半ばにインドの藩王《マハーラージャ》からヴィクトリア女王に献上された一〇五カラットのダイヤモンド「コ・イ・ヌール」(「光の山」の意)が、持ち主の死を嘆き悲しむかのように、寂しげに光り輝いていた。皇太后の正装安置には二五万人以上の人々が訪れた。

葬儀の前日の晩。女王はテレビで国民に語りかけた。「ここ数日の間に、みなさんから寄せられた亡き母への賛辞は大変な数にのぼります。こうしたみなさんの優しさと敬意の多くから、私も大変に心を慰められました」。このように国民に感謝の言葉を直接伝えると同時に、女王は亡き母がイギリスやコモンウェルス全体に捧げてきた献身について回顧し、この姿勢が世界中至る所で愛されたきた理由であろうと、しみじみと語った。

四月九日、皇太后の棺はホールの隣のウェストミンスター修道院に移された。葬儀にはヨーロッパのすべての王侯が一堂に会していた。六二年前（一九四〇年）の春、ナチス・ドイツ軍の急襲にあった各国の王侯たちは、ロンドンに亡命して故国に抵抗運動を呼びかけた。終戦とともに彼らはすべて帰国し、こんにちがあるのである。葬儀に集まった王侯らの祖父や祖母や父や母たちが、亡命中に皇太后から受けた恩は決して忘れることができないものだった。皇太后の棺を見守る彼ら王侯らの目にも涙が溢れていた。

在位五〇周年記念式典《ゴールデン・ジュビリー》と新たな始まり

このように王室にとっては悲しい幕開けとなった二〇〇二年ではあったが、女王は予定通り自らの在位五〇周年記念の行事を次々とこなしていくことになった。先の在位二五周年記念式典のときから、本章でも見てきたとおり、イギリスもその国民も大きく変わっていた。しかも「ダイアナ事件」からまだ五年しか経っていなかった当時のことである。王室に対する国民の目にはいまだ厳しいものが感じられた。

しかし「ダイアナ事件」の直後から、王室は自らの広報活動に積極的に取り組んでいく。一九九七年から王室は公式ウェブサイトを立ち上げ、王族のプロフィールや活動状況、王室の歴史や役割、財政状況、王室収蔵品や授与される勲章の紹介など、ありとあらゆる情報を盛り込んで、国民の関心を惹きつけようとした。その甲斐《かい》あってか、国民の多くも「ご用繁多」の王族たちの公務の実態や日常生活などについて知るようになり、ダイアナだけが慈善活動に邁進していたというような「誤解」は解けるようになっていった。

二〇〇二年は、女王は外国への公式訪問も、外国からの国賓の招待もいっさい行わずに、コモンウェルスとイギリス国内の巡幸に専念することにした。女王夫妻がこの年に旅した総距離は実に六万四〇〇〇キロにも及んだ。かつては王室専用機で世界を飛び廻っていた女王であるが、「ブリタニア号退役」と同様の経費削減という考えから、近年では貸し切り機《チャーター》で移動している。

まずはマーガレットの葬儀からわずか二日後、女王の姿はカリブ海の楽園ジャマイカにあった。ここからニュージーランドを経て、女王夫妻はオーストラリアに向かった。各地を廻った後、三月二日から東海岸のリゾート地クーラムでCHOGMが開催され、女王はこれに出席した。実は、会議はこの前年の一〇月に同じく東海岸のブリズベンで開かれる予定であったが、その直前のアメリカにおける「九・一一同時多発テロ」の影響を受け、この時期に首脳会議は危険であるとして延期されていたのである。

今回のクーラムでも厳戒態勢のなかでCHOGMが開かれたが、女王は昔ながらの各国首脳たちとの歓談を楽しむと同時に、首脳らはこの「首長」の半世紀にわたるコモンウェルスへの貢献に感謝の意を次々と伝えにきた。やはりコモンウェルスは、女王にとっては「家族」なのである。その後一〇月には、女王夫妻はカナダも訪問した。

オーストラリアでのCHOGMから帰国した後、五月からはいよいよイギリス国内での巡幸が始まった。まずはイングランド西部のコーンウォール、デヴォンシャ、サマセットからである。この直後には北アイルランドにも廻り、五月末にはグラスゴウ、エディンバラなどスコットランド各地を周遊した。さらに六月半ばからはウェールズを廻り、イングランド北部のヨークシャを経由して、七月末にはマンチェスタへとたどり着いた。

七月二五日からここでコモンウェルス競技大会《ゲームズ》が開幕するのである。女王の慶事の年の競技大会とあって、いつも以上の盛り上がりを見せたマンチェスタには、七二の国と地域から三八六三人もの若きアスリートたちが集った。

六月の祝祭と一抹の不安

在位五〇周年記念行事のメインは、六月初旬にロンドンで開催された。一～三日にはバッキンガム宮殿前で大コンサートが催され、クラシックからロックまで演奏家たちが女王のために集まった。人気ロックバンド「クイーン」のギタリストであるブライアン・メイが、女王陛下のために国歌「神よわれらが女王を護りたまえ」を見事に演奏した。

三日の晩に女王は、二五年前と同じように、かがり火に点灯した。先の二五周年のときにはイギリス全土でいっせいにかがり火が焚かれたが、五〇周年はなんとコモンウェルス全土の二〇〇六ヵ所で次々とかがり火が点灯されるという趣向となった。これは一一五年前のヴィクトリア女王の在位五〇周年記念式典の前例に倣《なら》ったものだった。

そして六月四日は、セント・ポール大聖堂での記念礼拝である。鮮やかなブルーの帽子とコートに身を包む女王と軍服姿のエディンバラ公は、先の二五周年記念のときに引き続き、再び「黄金の公式馬車《ゴールド・ステート・コーチ》」で宮殿から姿を現した。こののちロンドンを横断して大聖堂へ向かった。二五周年のときと異なっていたのは、その当時はまだ誕生していなかった、孫のウィリアムやハリーらもこの祖母の式典に参加するようになったことであろう。

この日だけでも一〇〇万人を超す市民がロンドンに繰り出していたとされている。彼らから拍手喝采を浴び、自らの慶事を祝ってくれる国民やコモンウェルス全土の人々に感謝の気持ちでいっぱいの女王ではあったが、やはり一抹の寂しさは隠せなかった。

一九四五年五月八日。ドイツ軍が降伏したその日、やはりこの同じバルコニーから市民たちに手を振ったジョージ6世一家とチャーチル首相の五人。その五人も「リリベット」以外にもうこの世には誰も残っていなかったのである。できればこの在位五〇周年という慶事を、母と妹と一緒に祝いたかった。女王は強くそう思ったに違いない。

それと同時に、いまは自分に手を振ってくれている国民も、今後また王室にスキャンダルでも起これば、いつ手のひらを返してくるかはわからない。二一世紀のこんにち、王室はもはや国民の支持なくしては存続できないのである。在位五〇年を機に、さらなる王室改革に乗り出していかなければならない。七六歳の女王の決意は固かった。

第V章　連合王国の象徴として——21世紀の新しい王室

王室改革への道——活動記録の公開へ

苦難の一九九〇年代を経て、二一世紀に突入するや王室は矢継ぎ早に改革を進めていくこととなった。その嚆矢《こうし》となったのは、「ダイアナ事件」で最大の被害をこうむったチャールズ皇太子である。彼は、一九七六年に海軍を退役した折の退職金を元手に、「皇太子財団」を自ら立ち上げ、金銭的に恵まれない青少年のために職業訓練を施す支援事業を地道に行ってきた。二〇一九年現在までに、実に七二万人以上の若者たちがその支援から巣立っている。しかしすでに述べたとおり、「地道」なやり方では誰も気がついてくれない時代なのだ。

皇太子は、母のもとで女王手許金会計長官を務めたサー・マイケル・ピートを自らの秘書官にスカウトし（二〇〇二年）、彼の助言も受け『慈善活動のために』というパンフレットを翌二〇〇三年に刊行した。そこでは、財団の活動だけではなく、長年皇太子が取り組んできた、無農薬野菜や乳製品などを所領の農園で生産・販売したり、地球環境の保全、芸術・教育の振興、福祉医療への支援など、これまでの彼のあらゆる慈善活動について、写真入りでわかりやすく解説されていた。

その反響は大きかった。慈善活動はダイアナしかやっていなかったなどと誤解していた人々にとって、パンフレットの内容はもとより、その最後に列挙されている三六〇以上の各種団体のリストは度肝を抜くものだった。すべてチャールズがパトロン（総裁・会長）を務めている団体の名前だった。この反響を受けて、翌二〇〇四年から、皇太子は毎年の活動記録を『年次報告書《アニュアル・レヴュー》』のかたちで刊行する。しかもこのコンピュータの時代である。報告書は冊子とともに、皇太子の専用ウェブサイトからもダウンロードできるようになった。

このサイトを見て人々はさらに驚いた。二〇〇四年度（〇四年四月〜〇五年三月）にチャールズは五〇一件の公務をこなし、イギリス国内では八二の都市を訪れ、三五の州を廻っていた。さらに海外でも一〇三件の公務をこなしている。また皇太子財団などが、「皇太子慈善財団」としてひとつのグループにまとめられ、年間に各種事業に支援される金額は一億ポンドを超える、イギリスでも最大級の慈善団体として改組された。

こうした「宣伝」も功を奏して、二〇〇五年四月にチャールズはかつての恋人であったカミラと再婚することができた。もちろん国民のなかにはダイアナを蔑ろにするかのような恋愛・結婚には反対する声も聞かれたが、多くは特に反対することもなくなっていた。

このチャールズの試みを参考にしたのが、母エリザベス女王の宮廷である。バッキンガム宮殿も、早速に『年次報告書《アニュアル・リポート》』を刊行し、それは王室専用のウェブサイトでも閲覧できるようになった。皇太子のものと同様に、女王や王族たちの一年間の公務やその詳細などが紹介されている。イギリス王室の王族たちは全員で年間に三〇〇〇件を超す公務を分担し、英連邦王国も含めれば三〇〇〇にも達する各種団体のパトロンを務めていることも明らかとなった。国民はあらためて王室の多忙さを目《ま》のあたりにさせられた。

王室の歳費――国民最大の「誤解」

このようななかで、国民からいまだに誤解を受けていたのが、王室の「歳費」に関わる問題であった。イギリス政府が毎年議会から承認を受ける予算の筆頭には、「王室費（Civil List）」と呼ばれるものがあった。その名のとおり王室が一年間に使う予算のことである。しかしこれは国民の税金から捻出《ねんしゅつ》されるものではなかった。王室が有する所領からあがる莫大な収入をすべて議会（政府）に預け、そのなかの一部を王室費に充てていたのだ。

一七世紀のイングランドでは、清教徒革命（一六四二～四九年）と名誉革命（一六八八～八九年）という二度にわたって、王権と議会の衝突が見られた。このとき以来、国王に莫大な資金を持たせては危ないということで、前記のようなシステムが作られたのである。一七六〇年には正式な法律として定められた。しかし建前は政府の予算の一部として計上されるため、多くの国民が王室は自分たちの税金で暮らしていると思いこんでいたのだ。

「ダイアナ事件」の際に、特に労働者階級や下層中産階級の人々から王室への風当たりが強まったのは、こうした「誤解」も背景にあった。女王としては、このような「誤解」を解くと同時に、王室財政の透明化・健全化も図りたかった。ここに政府との交渉も進み、二〇一一年に「王室歳費法（Sovereign Grant Act）」が成立した。これにより王室の全収入が自身のものとなり、会計年度に先立つ二ヵ年間の収益からその一五％を次年度の予算額に定めることとなった。二〇一二年度からこのシステムが導入され、王室の年間の活動費はもはや国家予算の枠組みには含まれず、その時々の首相、財務相、女王手許金会計長官が管財人に就き、王室の資産管理も堅実に行われるようになった。

二〇一七年度からは、老朽化の進んだバッキンガム宮殿内部の各種修繕費がかさむため、活動費の割合は二五％に引き上げられた。二〇一九年度の予算を例にとると、これ以前の二ヵ年度の収益が三億二八八〇万ポンド（約四六〇億円）であり、王室歳費は八二四〇万ポンド（約一一五億円）となる。修理は二〇二七年度までには終えられる予定である。

さらに二〇一八年度の年間報告によれば、この一年間で王族がこなした公務の数は三二〇〇件以上にのぼる。女王ひとりに限っても、イギリス国内で一四〇件の公務を行った。この年は、四月にロンドンでCHOGMが開催され、七月には王立空軍の創設一〇〇周年記念行事を主催した。さらに女王は、公式実務訪問で訪英したアメリカのトランプ大統領夫妻をウィンザー城で接遇し、一〇月には国賓として訪れたオランダ国王夫妻をバッキンガム宮殿で歓待し、一一月には第一次世界大戦終戦一〇〇周年の記念行事などが続いた。

王位継承法の改正

このように王室財政の透明化を図るとともに、女王を筆頭とする王族たちの多忙ぶりが冊子やサイトを通じて明らかになると、国民の王室全体に対する敬愛の念は格段に高まりを見せていった。王室は日進月歩のＳＮＳに対応するかのように、次々と最新の通信機器を通じて、自らの広報に努めた。二〇〇七年にはユーチューブ、〇九年にはツイッターに参入し、日々の女王や王族の活動記録を最新の写真入りで次々とアップした。

もちろん女王自身がこれらのＳＮＳに直接書き込むことはほとんどないが、彼女もその重要さには十分気づいている。ただしツイッターには二度だけ自ら書き込んだことがある。一度はツイッターのロンドン支社を訪問した際、もう一度は二〇一六年六月に九〇歳の誕生日を国民が盛大に祝ってくれたとき（後述）に、それに感謝するツイートを自ら書き込んでいる。さらに二〇一九年三月七日に、ロンドンの科学博物館を訪れたときには、王室のインスタグラムに自ら写真入りで投稿もしている。

また王室は前記のような莫大な所領からの収入に加え、一九九三年からはバッキンガム宮殿やウィンザー城などの一般公開を始め、その入場料や膨大な数におよぶ「お土産」の収入もかなりの金額にのぼっている。この前年に火災で焼けたウィンザー城の修復費用はこのような王室自身の努力によって賄われたのである。

こうした時代の流れに敏感に対応する女王が、王室歳費の問題と並んで、三〇〇年来の伝統を変えるに至ったのが「王位継承法」に関わる問題であった。

チャールズ皇太子の結婚問題の折にも触れたが、イギリスには一七〇一年に制定された王位継承法があった。そこには「男子優先の長子相続」と「カトリックとの婚姻禁止」が盛り込まれていた。

しかしヨーロッパ大陸の他の王室の趨勢《すうせい》を見る限り、もはや「男子優先」は時代に即しているとは言えなくなっていた。スウェーデンの王室（一九七九年）を先頭に、オランダ（八三年）、ノルウェー（九〇年）、ベルギー（九一年）、デンマーク（二〇〇九年）、ルクセンブルク（一一年）といった具合に、各国王室は男女を問わず第一子が王位継承で優先される、「絶対的長子相続制」を採用するようになっていたのである。これらの国々より早くから「女子相続権」を認めてきたイギリスが、「男子優先」という点では出遅れてしまうという皮肉な結果となっていた。

ルクセンブルクで絶対的長子相続制が認められた年、後述するように、エリザベス2世の孫ウィリアムが結婚し、いずれその世継ぎも生まれることになる。これを機に継承法も刷新してはどうか。とはいえ、エリザベス女王はイギリスだけではなく、カナダやオーストラリアなど世界一六ヵ国の女王陛下なのである。王位継承法の改正にはそれらすべての国の承認が必要となる。高齢の女王が各国を廻って交渉するのはもはや難しい。

八五歳のオーストラリアへの旅

ところがちょうどその二〇一一年一〇月末から、オーストラリア西海岸の都市パースでCHOGMが開催される予定となっていた。そこには英連邦王国一六ヵ国の首脳も一堂に会する。ここで女王は王位継承法の問題を討議してもらうことにした。女王自身ももちろん会議に出席した。当時八五歳になっていた女王にとっても、地球の反対側にあるオーストラリアへの旅はおそらく今回が最後になるだろう。これを機に女王は、一一日間の日程で大陸全土を廻ることにした。

女王陛下と五二ヵ国の首脳たちを迎えるのはジュリア・ギラード首相。オーストラリアで初めての女性首相である。労働党党首でもある彼女は筋金入りの「共和制支持者」でもあったが、女王陛下が到着するや、途端に神妙に丁重に出迎えた。共和制への移行を問う国民投票から一二年を経過していたが、この頃までにはオーストラリアでも共和制支持派は三四％にまで減少し、過去最低水準となっていた。これまたイギリス王室による最新機器を利用した広報のおかげだったのかもしれない。女王は大陸各地で大歓迎を受けた。

そして女王がCHOGMの開幕と同時に親しく歓談した首脳は、先の二〇〇九年の開催国トリニダード・トバゴのカムラ・パサード＝ビセッサー、バングラデシュのシェイク・ハシナ・ワゼと、いずれも女性首相ばかり。もはや王位継承でも「男子優先」は時代の流れには

女王と３人の女性首相，2011年10月　パースでのコモンウェルス会議で．バングラデシュ，オーストラリア，トリニダード・トバゴの各首相

合わなくなっていた。さらにこのたびは「王族がカトリックと結婚する」こともあらためて認められた。ただし、君主自身はイングランド国教会の首長でもあるので、カトリック教徒では王位には即《っ》けないという制約はそのまま残された。

ここに英連邦王国一六ヵ国のすべてが新しい「王位継承法」に同意した。あとは各国がそれぞれに持ち帰って、自国の議会で承認を受け、同法は二〇一三年に正式に成立した。この年の七月に、ウィリアムに待望の世継ぎが誕生したが、生まれてきたのは男子だった。

こうしてイギリス王室は、時代に即した様々な改革と巧みな広報戦略によって、新たなスタートを切ることに成功を収めたのである。

イラク戦争と女王の気遣い

二一世紀が幕を開けた二〇〇一年の九月一一日、世界は衝撃を受けることとなった。ニューヨークの世界貿易センタービルに、突如ハイジャックされた飛行機が突っ込んだ。ニューヨークの象徴のひとつでもあったビルが音を立てて崩れていった。この光景に世界中が息をのんだはずである。当時、バルモラル城で静養中だったエリザベス女王も同様だった。彼女はすぐさま電話を二本かけた。一本はロンドンにいる秘書官のフェローズに。予定を切り上げてロンドンに大急ぎで戻ると伝えた。そしてもう一本はバッキンガム宮殿の軍楽隊の責任者に。

この日、宮殿ではいつものとおり衛兵の交代が行われていた。軍楽隊は威勢のいい曲を演奏するのが習わしだったが、この日に限って彼らが演奏したのは、アメリカ国歌「星条旗」だった。女王の命による選曲であった。選曲の背景も知らずに衛兵の交代を見物していた人々は、目に涙を浮かべながら曲に聴き入った。のちに軍楽隊の演奏について、前大統領のビル・クリントンがテレビのインタビューでこう答えている。「私は陛下の性格を個人的に存じ上げています。軍楽隊にアメリカ国歌を演奏するよう指示されたのは陛下ご自身でしょう。これ以上、感銘を受けたことはありませんでした」。

事件から三日後の九月一四日には、セント・ポール大聖堂で二七〇〇人の在英アメリカ人と家族をテロで失ったイギリス人の遺族たちが招かれ、追悼礼拝が行われた。女王夫妻もすべての王族らとともにもちろん出席した。このあたりは、「ダイアナ事件」の際には初動で出遅れたために、国民から非難を浴びたときの教訓が女王にも王室にも活かされていたのかもしれない。

「九・一一同時多発テロ」当時の合衆国大統領は、第四三代のジョージ・ウォーカー・ブッシュであった。テロリストを支援したかどで、ブッシュ政権は国連に要請し、二〇〇一年一〇～一一月にはアフガン戦争が生じた。アフガニスタンのタリバーン政権はこれであっけなく崩壊した。しかしこれに乗じたブッシュ政権は、一〇年前の湾岸戦争時に倒壊できなかったイラクのフセイン政権を打倒するため、イラク戦争（二〇〇三年三～五月）に突入する。イラクが国際規約に違反し、大量破壊兵器を隠し持っているとの理由からである。

アフガン戦争のときにはアメリカを支持した国々の多くも、イラク侵攻には反対した。アメリカ側が提示した大量破壊兵器保持に関する証拠も明確ではなかったからである。ここで唯一アメリカを支持して、イラク侵攻に加わったのがブレア政権のイギリスだった。ブレア労働党は、サッチャー保守党とは異なり、ヨーロッパ統合により近づくような姿勢を見せていたのだが、このイラク戦争によりイギリスとヨーロッパ（特に独仏）とは決裂してしまった。世界中から囂々《ごうごう》たる非難を浴びた後に、イラク戦争は米英側の勝利で終結した。しかしその後、占領下のイラクから大量破壊兵器は出てこなかった。

国賓としてのブッシュ訪英

世界中を敵に回していたかのようなブッシュ大統領に救いの手を差し伸べたのが、女王陛下のイギリスであった。ブレア首相からの強い要請もあり、二〇〇三年一一月にブッシュは「国賓」としてイギリスを公式訪問することに決まった。

実はアメリカ大統領が「国賓」として訪英するのは、第二次世界大戦後ではこれが初めてのことだった。アイゼンハワーからクリントンまでイギリスを訪れた大統領はあまたいるが、みな「公式実務訪問」で、「国賓」ではなかった。この間に女王のほうは三度（一九五七・七六・九一年）も公式訪問を行っていたというのに。

戦後の米英の関係は、もはやかつてのような本国（英）＝植民地（米）でないのは当然としても、対等の関係でさえなくなっていたことを象徴するような事例であった。

とはいえ今回は違った。世界で最も嫌われていたアメリカ大統領は、イギリスに救いを求めに来たのだ。ただしそのイギリスでさえ、ロンドンでは反ブッシュのデモが一〇万人規模で開かれていた。五〇〇〇人の警察官に守られながら、大統領はバッキンガム宮殿に入ることとなった。しかしここで出迎えてくれたのが、ブッシュが母親のように慕う女王であった。女王とブッシュ家とは彼の父親の第四一代大統領から親子二代で親密だった。

晩餐会の席で女王はこう演説した。「いまから六〇年前に、ウィンストン・チャーチルはイギリスとアメリカとの密接な協力関係を『特別な関係《スペシャル・リレーションシップ》』と評しました。それがヨーロ

雨天での儀仗兵視察後，ずぶぬれのジョージ・W・ブッシュ夫妻と，2003年11月

ッパを専制政治から解放したのです。時折、この用語に対する批判もございますが、私はこれが私たちの友好を実に巧みに表現しているものと信じております」。

この言葉に、ブッシュ大統領は感謝の気持ちでいっぱいだった。三日間にわたる大統領の訪英は無事に終えることができたかのようだった。

ところがここでまたもや「宮廷警備の欠陥」が露呈した。晩餐会の翌朝の『デイリー・ミラー』紙の一面に「侵入者（Intruder）」の見出しがデカデカと掲げられたのだ。記事を書いたのは同紙のライアン・パリー記者。彼は宮殿で働く「従僕《フットマン》」の公募に見事合格し、女王や大統領に晩餐会などで給仕する役まではまんまとこなすことにも成功していた。二〇年ほど前に生じたマイケル・フェーガン事件で、王室の警備体制が穴だらけであることが世間に公表されたが、今回もまた王室が赤恥をかく始末となった。

「優れた政治家か外交官に……」

タブロイド紙による「ちん入事件」は見られたものの、ブッシュ大統領は大満足のうちに帰国した。翌二〇〇四年に彼は大統領に再選され、今度は自身が女王陛下をお招きする番となった。入念な準備の後に、二〇〇七年五月、エリザベス女王はアメリカに四度目の公式訪問を行うこととなった。それはステュアート王朝時代にイングランドがジェームズタウン(現ヴァージニア州)に入植を開始してから、ちょうど四〇〇周年にあたっていた。

ホワイトハウスの中庭で演説を行った大統領は、「陛下は以前、わが国の独立二〇〇周年をお祝いしにいらしてくださった、一七……」と言おうとし、慌てて「いや一九七六年に」と訂正した。隣では何事もなかったかのように女王が大統領をじっと見つめていた。それは間違いをしでかした息子が、母親から優しく見守られているかのような印象を与えてくれたと、のちにブッシュ大統領自身が回想している。

その日の晩にはホワイトハウスで晩餐会である。男性は燕尾服にホワイトタイ、女性はイヴニングドレスという最上級の格式となった。この格式の晩餐会は、ブッシュ政権の八年間ではこのときが唯一の機会となった。その翌日、駐米イギリス大使館で返礼晩餐会が開かれた。女王はここで気の利いた演説を行う。「私が以前、一七七六年にこの国を訪れたとき……」。これには普段は強面《こわもて》のブッシュ大統領も膝を叩《たた》いて大笑いとなった。

女王には、外交の舞台におけるこのような当意即妙な対応ができる才能が備わっていた。一九九四年六月五日に「ノルマンディ上陸作戦五〇周年記念式典」の前夜祭がイングランド南部ポーツマスで開かれたときのこと。半世紀前にヨーロッパ戦線の運命を決したこの「史上最大の作戦」に関係したすべての国の首脳が集まっていた。

その日の晩餐は外交儀礼《プロトコール》からすれば、女王の両隣にはノルウェーのハーラル5世国王とオランダ王配のベルンハルト殿下が座るはずであった。しかし、新聞やテレビの報道陣の立場からすれば、アメリカのクリントン大統領とフランスのミッテラン大統領が女王の隣にいてくれたほうが映りがいい。

秘書官が恐る恐る女王陛下に尋ねるとこう返答がきた。「みんな両大統領が私の両脇で食事されるのを見たがっているはずですよ。いとこたち〔ヨーロッパ王侯〕とはいつも会っているんだから、両大統領をお呼びしなさい」。マスメディアもこれで大いに盛り上がった。

このとき女王陛下の左隣に招かれたクリントンは、その回顧録のなかでのちにこう述べている。「女王の気品や知性、おおやけの問題を論じるときの巧みさは絶妙だった。女王は、国家元首として許される範囲内で、政治的発言にも気を遣われてはいたが、こちらの情報や意見は巧みに引き出していた。女王に生まれていなかったら、きっと優れた政治家か外交官になられていたことだろう」。

ブレア政権で外相を務めたジャック・ストローは、女王に随行して各国を歴訪したが、あるとき彼女の動向があまりにも巧みなのに感心し、ついこう言ってしまった。「陛下、恐れながら申し上げますと、まさにプロの領域です」。すると女王は悠然とこう答えた。「外務大臣！　私が何年これをやっているかわかっているでしょ？」。

二〇一〇年七月、女王はニューヨークを訪れた。九・一一テロで倒壊した世界貿易センタービルの跡地には「グラウンド・ゼロ」という追悼の施設が建設されていた。「こんなにひどい光景は見たことがない」と女王も心を痛めた。この前年の七月に、女王は新しい栄典を制定した。かつて一部の将軍や提督だけの名誉だった勲章が、ヴィクトリア女王によって一般兵卒にも開かれ（ヴィクトリア十字章）、父ジョージ6世によって民間人にも開かれた（ジョージ十字章）が、このたびの栄誉は国のために命を落とした軍人の遺族を対象とするものであった。「エリザベス十字《クロス》章」と名付けられた。

グラウンド・ゼロを見学した後、女王の姿は同じくニューヨークの国際連合総会の場にあった。「私が以前ここに参りましたのは、一九五七年のことであったと記憶いたしております。以来、私は世界中を廻り、多くの首脳、大使、政治家の方々と会ってきました。本日、私は国連加盟国一六ヵ国の女王として、さらに五四ヵ国からなるコモンウェルスの首長としてお話しさせていただきます」。

この日、女王の演説に聴き入った各国の代表者の誰一人として、半世紀以上前の国連の姿など知る者などいなかった。各国代表たちの表情は、この「現代国際政治の生き証人」ともいうべき、ひとりの女性に対する畏敬《いけい》の念で満ち溢れていたという。

キャサリンの登場

女王が国連総会で演説をしてから四ヵ月後の、二〇一〇年一一月。イギリス中が喜びに包まれた。チャールズ皇太子の長男ウィリアム王子が婚約を発表したのである。お相手は長年恋仲にあったキャサリン・ミドルトン嬢であった。

「ダイアナ事件」のときまだ一五歳だったウィリアムは、パブリックスクールの名門イートン校に入り、二〇〇一年にはスコットランドのセント・アンドリューズ大学に進学した。もちろん彼の学力であれば、イートン校の生徒の多くが進むオクスフォード大学やケンブリッジ大学にも入れたが、彼はあえてロンドンから遠い地を選んだとされる。マスメディアに追われた果てに、母がパリで交通事故死を遂げたという悲しい出来事もあるいは影響していたのかもしれない。マスメディアも可能な限り、ウィリアムの勉学を邪魔することはなかった。

しかしやがてそうもいかなくなる。この名門大学で彼は生涯の伴侶《はんりょ》となる女性と出会ってしまうからである。それがキャサリンであった。ウィリアムより五ヵ月ほど早く生まれた同い年のキャサリンは、二〇〇三年頃から彼とつきあい始めることになる。大学卒業後も二人の関係は続いたが、〇七年にはマスメディアによる過激な報道合戦が始まり、一時的に二人は関係を絶った。とはいえやはり相思相愛の仲だったのだ。やがて復縁したのちに、二〇一

結婚式直後のウィリアム王子とキャサリン妃，2011年４月29日

〇年一一月の婚約発表につながった。

婚約会見に臨んだキャサリンの左薬指には、スリランカ産の美しいサファイアの指輪が輝いていた。かつてウィリアムの父チャールズがダイアナに贈った婚約指輪であった。キャサリンは、先祖をさかのぼれば労働者階級の出自であり、両親も彼女が生まれた頃には中産階級だった。それがパーティー・グッズの通信販売で大成功し、富裕階級の仲間入りを果たしていた。とはいえ、将来のイギリス国王が結婚する相手としてはあまりにも「庶民」の階級に位置しすぎているとの批判もあった。

しかし女王は安心していた。キャサリンとたびたび会ううちに、彼女の誠実な人柄や、知性に溢れた言動、そして他人を明るくしてくれる性格などを高く評価するようになっていたのである。なによりウィリアムとキャサリンは七年近くもつきあい、一度は別れたものの再びよりを戻すまでにお互いを知り尽くしている。電撃的な結婚から電撃的な悲劇へとつながった両親の二の舞にはならないだろう。女王もそう思ったと考えられる。

二〇一一年四月二九日、いまやイギリスのロイヤル・ウェディングにとって定番となっているウェストミンスター修道院で、二人は盛大な華燭の典を挙げた。ヨーロッパを中心に世界各国から王侯がお祝いに駆けつけた。日本では徳仁《なるひと》皇太子夫妻が招待を受けていたが、その直前の東日本大震災の発生により、出席を辞退せざるを得ない状態となっていた。

この八日前に八五歳の誕生日を迎えた女王は、幸せそうな孫の姿に目を細めた。修道院で無事に式を済ませると、新郎新婦はバッキンガム宮殿へと馬車で移動し、バルコニーでキスをした。世界中の人々が待ち望んでいた瞬間だった。

とはいえ若い二人は安穏とはしていられなかった。キャサリンが嫁いだ先は、世界中でも最も忙しい王室なのである。挙式からわずか二ヵ月ほど後、新たにケンブリッジ公爵の爵位を授けられたウィリアムとキャサリン夫人は、「帝国の長女」カナダに降り立った。七月一日はこの国が自治領となった建国記念日《カナダ・デー》である。オタワでの記念式典に二人は主賓として招かれていた。

キャサリンの左襟にはダイヤモンド製のメープルリーフをかたどった見事なブローチが輝いていた。これより七二年前、一九三九年に時の国王ジョージ6世が初めてカナダを公式に訪れる記念に、妻エリザベス王妃のためにカナダの国花をかたどって造らせたものだった。やがてブローチは娘のエリザベス2世に譲られ、彼女がカナダを訪れる際には、必ず左襟に着けられる表象となっていた。ウィリアムとキャサリンが訪問する前年、二〇一〇年七月一日の「カナダ・デー」でも、真っ赤なコートの上にこのブローチを着けた女王の姿が見られたのである。それは女王にとって二二回目の訪問であった。

今回のケンブリッジ公爵夫妻のカナダ訪問にあたり、この女王の大切なブローチがキャサリンに貸し出されたわけである。若い二人はどこへ行っても大人気だった。

新世代ジョージの誕生

二〇一三年七月二二日、二人に待望の赤ん坊が生まれた。男の子であった。ウィリアム自身が生まれたロンドンのパディントンにあるセント・メアリ病院での出産だった。翌日、ロンドンのグリーンパークでは王立騎馬砲兵隊が四一発の礼砲を放った。ロンドン塔からも六二発の礼砲が世継ぎの誕生を祝った。すると病院の外に、大勢の報道陣が見守るなか、ウィリアムとキャサリンが赤ん坊を抱っこして現れた。これより三一年前に、父チャールズはスーツ姿で現れ、ケンジントン宮殿へも運転手付きの車で戻っていった。ところが今回のウィリアムはラフなワイシャツ姿で、なんと自身が運転する車でキャサリンと赤ん坊を連れて宮殿へと向かったのである。時代は確実に変化していた。

イギリス王室４代．女王の90歳記念に，2016年４月20日　左からチャールズ皇太子，エリザベス女王，ジョージ王子，ウィリアム王子

男の子にはジョージという名前が付けられた。ウィンザー王朝にとってお馴染みの名である。一〇月二三日には、セント・ジェームズ宮殿の王室礼拝堂で洗礼式が執り行われた。王室の伝統に則り、イエス・キリストにゆかりのあるヨルダン川から水が運ばれ、洗礼用に使用された。式後には、女王、チャールズ皇太子、ウィリアム王子、そしてジョージ王子と四代の君主たちが一堂に会した記念写真が撮られた。それは一八九四年に「ディヴィッド伯父さん（エドワード８世）」が生まれたとき、ヴィクトリア女王、エドワード皇太子、ジョージ王子とともに撮られて以来、実に一一九年ぶりの記録的な写真となった。

このジョージにも休んでいる暇などな

かった。それからわずか半年後の二〇一四年四月、ウィリアム、キャサリン、ジョージの三人は地球の反対側であるオーストラリアに到着した。当時のイギリス王室で最も人気の高いケンブリッジ公爵一家は、各地で大歓迎を受けた。それはこれより一五年前に「共和制への移行」を問いかける国民投票を行った国などとは想像もつかないほどの、王室に対する歓迎ぶりとなったのである。

四月二五日、公爵夫妻は首都キャンベラで「アンザック・デー」の追悼行事にも主賓として出席し、戦没者の慰霊を粛々と執り行った。ジョージには、オーストラリア中の人々からカンガルーやワラビーなどのぬいぐるみが贈られた。二〇一一年の訪問を最後にオセアニアには来られなくなった女王に代わり、彼ら新しい世代の王族たちがオーストラリア統合の象徴としての役割を果たしていけるかのようであった。

ウィリアムとキャサリン夫妻には、こののち二〇一五年五月二日に長女シャーロットが、二〇一八年四月二三日に次男ルイがそれぞれ生まれた。いまやこの幸せな一家五人がイギリス王室の中核となりつつある。

歴史的なアイルランド訪問

ウィリアムとキャサリンとの盛大な結婚式からわずか三週間後、イギリスの女王エリザベス2世は歴史的な旅に出ることとなる。二〇一一年五月一七日、女王とエディンバラ公はアイルランド共和国の首都ダブリンに降り立ったのである。

イギリスの君主がダブリンの地を踏んだのは実に一世紀ぶりのことであった。一九一一年に、女王の祖父にあたる国王ジョージ5世がメアリ王妃とともに訪れていた。しかし、当時のアイルランドはまだ連合王国（イギリス）の一部であった。国王夫妻は自国の土を踏んだにすぎなかったのだ。

それから一一年後にダブリンは自治領となったアイルランド自由国に組み込まれ、さらに一九四九年からはアイルランド共和国（エール）の首都となった。共和制アイルランドにイギリスの国家元首が公式訪問を果たしたのは、今回が初めてのことである。

太古の昔から「エメラルド・グリーンの島」と呼ばれてきた美しいアイルランドに敬意を表して、女王はまさにエメラルド・グリーンの帽子とコートを着てこの地にやってきた。女王夫妻を出迎えたのはメアリ・マカリース大統領。大統領と女王は、これより一三年前の一九九八年にベルギーのイープルで初めて会っていた。この第一次世界大戦の激戦地に祈念碑が建立され、その除幕式に二人とも招かれていたのである。この戦闘で五万人以上のアイルランド兵が命を落としていた。

以来、マカリース大統領とは六回も会っていたにもかかわらず、両者がお互いの国を公式に訪問する機会はついぞ訪れなかった。それほどまでに両国の関係は愛憎に包まれていたのだ。二人が初めて会った年の四月に「聖金曜日の合意」が成立し、北アイルランド紛争は一

女王とマカリース・アイルランド大統領，2011年5月　ダブリン城のセント・パトリックの間でスピーチをする女王．長年にわたる英・アイルランド関係の不信と対立に終止符が打たれた

応の終結を迎えていた。あとは両国に友好が芽ばえる機が熟すだけだった。

ここにジョージ5世夫妻による訪問から一世紀を祝うかたちで、エリザベス2世夫妻によるアイルランド訪問が実現する運びとなった。それに先立ち、女王はアイルランドへの心遣いを見せるような場面があった。

アイルランド訪問の三週間前に予定されていたウィリアムとキャサリンの結婚式には、世界中から注目が集まっていた。その晴れの式典に、ウィリアムは当初「王立空軍」将校の制服姿で出席を考えていた。ところが女王は式の直前に、彼をアイルランド近衛連隊の隊長に任命した。それと同時に、その連隊長の制服で式に出るように孫に命じたのである。

マカリース大統領と固い握手を交わした後、女王夫妻は大統領官邸であるダブリン城へ向かい、ここで軽い昼食を済ませた。すると女王はすぐに着替えて、大統領とともに市の中央部にある「追悼の庭園」に向かった。ここにはアイルランド独立のために命を落としたすべての人々を祀る慰霊碑が建っていた。女王はここに花輪を捧げ、ゆっくりと後ずさりして頭を下げた。黙禱《もくとう》は一分間に及んだ。

この様子はテレビで生中継された。これまで「イギリス」に対して深い怒りや嫌悪感、憎しみや懸念を感じていた人々の多くにとって、女王の黙禱はそれまでのわだかまりを解消してくれる重要なものとなった。女王はエメラルド・グリーンから白を基調とした帽子とコートに着替えて慰霊碑に向きあった。コートの中央部から裾まで淡いグリーンのバラの刺繡が施されていた。バラといえばイングランドの国花である。アイルランドの英霊たちに対し、イギリス女王として花輪を捧げ、黙禱を行ったという表象とも受け取れよう。

実は女王夫妻が到着する一時間前には、ダブリン市内のバスで爆弾騒ぎが発生していた。一万人にも及ぶ軍と警察の警護のなかで、女王による慰霊行事は行われていたのである。「追悼の庭園」から少し離れた場所では、女王訪問に反対するデモも行われていた。

しかし翌朝、前日とはうって変わって、ダブリンで女王の訪問に反対する動きはぴたりとやんだ。このあと女王夫妻は各地を訪れ、市民たちから熱烈な歓迎を受けた。その日の晩は、ダブリン城のセント・パトリックの間で大統領主催の晩餐会が開かれた。アイルランド特産のスモークサーモンやスレーニー渓谷産のビーフステーキなどで、大統領は女王夫妻と随行したデイヴィッド・キャメロン首相らを歓待した。

ここで恒例の演説となった。女王はいきなり耳慣れない言葉で会場に語りかけた。「大統領、そしてみなさん（*A Uachtaráin agus a chairde*）」。それはケルト系の言語であるアイルランド語だったのである。マカリース大統領は「おお！」と三度も感歎《かんたん》の声をあげた。この日のために女王はアイルランド語の挨拶を何度も練習してきたのである。

続けて英語で女王は演説を行った。「われわれ二つの島の間では、心痛、動乱、喪失といった多くの事柄を経験しあってきました。こうした出来事は、私たちのすべてに悲しい遺訓を残してくれています。私たちはこれによって亡くなった方々、負傷した方々、さらにはそのご家族のことを決して忘れることはできないのであります」。女王の心からの言葉に会場からは拍手が鳴りやまなかった。

この晩餐会のために女王が用意したのは、アイルランド語による冒頭の挨拶だけではなかった。この晩、彼女が身につけていたのは、アイルランドの国花シャムロックをかたどった小さなお手製の花びらを二〇九一枚も縫いつけた白いドレス。左襟元にはこれまたこの国の表象である「アイルランドの竪琴《たてごと》」を、クリスタルメーカーのスワロフスキーに特注で造らせたブローチ。これも先のメープルのブローチと同様に、こののちイギリス王族がこの国を訪れるときに代々受け継がれていくことだろう。

そして女王の頭を飾るのは美しいダイヤモンドのティアラ。それは一八九三年にジョージ王子（のちのジョージ5世）と結婚するときに、「グレート・ブリテンとアイルランドの少女たち」からの募金で造られた、花嫁メアリのためのものだった。愛する祖母メアリが自らの結婚式で着けて、一九四七年に孫の「リリベット」の結婚に際してプレゼントしたものである。しかもちょうど一世紀前に王妃としてダブリンを訪れた際、メアリが晩餐会で着けたのもこのティアラであった。爾来、女王自身もこの「おばあちゃま《グラニーズ》のティアラ」を大切に使い、このような重要な儀式の際に必ず身につけてきた。

この日の晩餐会でイギリスとアイルランドの間で新しい歴史が始まった。四日間にわたるアイルランド訪問で、女王もエディンバラ公も各地で大歓迎を受け、大統領から市井《しせい》の人々に至るまで深い友情が育まれたのである。

恩讐の彼方に――北アイルランド紛争後

念願のアイルランド訪問を終えた女王夫妻は、翌二〇一二年六月には二日間の行程で、北アイルランドを訪れた。この年の女王の「在位六〇周年記念」のツアーの一環である。二日目にベルファストに入った女王夫妻は、ここでひとりの人物と初めて会見した。

当時の北アイルランド自治政府の第一副首相を務めるマーティン・マクギネス。かつてIRA暫定派の司令官として北アイルランド紛争の最前線に立っていた筋金入りの武闘派だっ

女王とマーティン・マクギネスの握手，ベルファスト，2012年６月　元IRA暫定派司令官マクギネスは北アイルランド紛争で反英活動の武闘派の中心人物として知られた

た。一九七九年八月のマウントバッテン伯爵暗殺を指令した張本人ともされている人物でもある。「聖金曜日の合意」によって、彼らも政府に参画するようになり、マクギネスは二〇〇七年から第一副首相の座にあった。しかし彼が女王夫妻に会うのはこれが初めてであった。

六月二七日に固い握手を交わした女王とマクギネス。二人の胸中には様々な記憶が走馬燈のようにめぐっていたことだろう。さらに女王のすぐあとに彼と握手したエディンバラ公にいたっては、自らの叔父の暗殺を指令した人物とされる男との握手である。しかし、女王も老公もさらには第一副首相も、そのような表情はいっさい見せず笑顔で通していた。

直後にマクギネスはインタビューにこう答えている。「私は、イギリスの国家ぐるみの暴力によって長年傷ついてきたアイルランドの人々を代表しています。しかし私はまた、エリザベス女王も愛する人を失い、イギリスからこの地に派遣され命を失った兵士たちの家族を大勢抱えていらっしゃることも、十分に理解しているのです」。

オープンカーに乗った女王夫妻は、ベルファストの街で二万五〇〇〇人以上の市民から歓呼を浴びていた。このようなパレードも、紛争が続いていた当時の北アイルランドではとても考えられないような行事だったはずである。

このときから二年後、二〇一四年四月八日、女王夫妻はマイケル・ヒギンズ夫妻をウィンザー城に迎えた。女王がアイルランドを訪れた年の一一月に、一四年にわたった任期を全うして引退したマカリースに代わり、大統領に当選した人物である。詩人で文筆家という一面も備えた多才な大統領と、女王はすでに二年前の北アイルランド訪問時に会見を行っていた。その折に招待した大統領がついにイギリスの地を踏んだのである。イギリスを「国賓」として訪れたアイルランド共和国大統領はヒギンズが初めてであった。

その日の晩餐会は、二二年前の火災から奇跡的に修復された、セント・ジョージの間で開かれた。長さ五二メートルにも及ぶマホガニー製のテーブルに一六〇名の貴顕が招かれた。ウィンザー城が火災による被害から修復されたように、イギリス＝アイルランド関係も両国首脳の相互訪問を機に修復されていくことだろう。

翌四月九日には、北アイルランドの政府首脳部もウィンザーに招かれ、ヒギンズ大統領やイギリス政府首脳らも交えてなごやかな会談が行われた。二年前にベルファストで初めて女王に会ったマクギネス第一副首相もウィンザーを訪れ、女王夫妻と再び固い握手を交わしていた。

こうして二〇世紀のイギリスにとっての最大の懸案事項として、丸々一世紀にわたって人々の心を傷めてきたアイルランドとの関係は、新世紀に入り、徐々に変化を見せている。

在位六〇周年記念《ダイヤモンド・ジュビリー》の盛り上がり

ウィリアムの結婚式と、歴史的なアイルランド訪問という大仕事を終えた女王にとって、翌二〇一二年は再び自身の記念の年となった。二月六日、女王はここに在位六〇周年を迎えたのである。イギリス史上では、ヴィクトリア女王（一八九七年六月）に次ぐ二人目の快挙となる。このたびも、在位二五周年記念《シルヴァー・ジュビリー》、在位五〇周年記念《ゴールデン・ジュビリー》に続き、盛大にお祝いを行う運びとなった。

しかしこの年で女王も満八六歳を迎える。もはやかつてのように、コモンウェルス諸国を廻って世界中でお祭り騒ぎに興じるわけにもいかなくなった。女王自身が行けないのであれば、子や孫たちに行ってもらえばいい。ダイヤモンド・ジュビリーでは家族総動員で世界を

在位60周年を記念して世界中からウィンザー城に集まった王侯族，2012年5月18日

股にかけてのお祝いを行うことになったのだ。

カナダ、オーストラリア、ニュージーランド、パプアニューギニアには、将来の国王チャールズ皇太子とカミラ妃が廻ることとなった。ウィリアム王子はキャサリン妃を伴って、マレーシア、シンガポール、ソロモン諸島、そしてツバルを訪問する。ハリー王子はジャマイカ、ベリーズ、バハマへ。アンドリュー王子はインド、エドワード王子とソフィ妃はアンティグア・バーブーダからトリニダード・トバゴまでのカリブ海諸国とジブラルタル、アン王女は南アフリカ、ザンビア、モザンビークなどアフリカ諸国を、さらに今回は女王の従弟《いとこ》にあたるケント公爵（フォークランド、ウガンダ）やグロウスタ公爵（ヴァージン諸島、マルタ）まで、ジュビリー・ツアーに参加することとなった。

女王自身は、エディンバラ公とともに国内でのツアーに専心した。イングランド東部のレスター（三月八日）を皮切りに、四月にはウェールズ、六月には北アイルランド、七月にはスコットランドを訪問し、最後はイングランド南部のワイト島とハンプシャで幕を閉じることとなった（七月二五日）。

この間に、五月一八日には前代未聞の午餐会がウィンザー城で用意された。世界中から王侯一七名、元王侯四名、王族五名が招かれ、その配偶者や一六名のイギリス王族らと、セント・ジョージの間で一二の円卓に分かれての昼食となった。先の在位五〇年の際には、ヨーロッパ八ヵ国から王侯夫妻が招かれての晩餐会が催されたが、今回はアジアやアフリカ、中東や南太平洋からも王侯が一堂に会した。これだけの貴顕がイギリスに集まるのは現代史上でも初めてのことだった。

日本からは明仁天皇と美智子皇后が出席した。天皇は、この直前の二月に心臓の手術を受けたばかりであったが、長年の友人であるエリザベス女王の慶事にどうしても出席したいということで、ユーラシア大陸を渡って駆けつけたのである。さらにオランダのベアトリクス女王は次男フリーゾ王子がスキー事故で危篤状態にあったにもかかわらず、いの一番に訪れてくれた。

四日間の祝祭からロンドン五輪へ

今回のジュビリーのメインは、六月二～五日の四日間にわたって繰り広げられた。まずは女王が大好きな競馬である。イングランド南東部サリー州エプソムでのダービーが六月二日に開催された。翌三日には、イギリス全土で様々な共同体《コミュニティ》を母体とする大昼食会が開催された。さらにロンドンのテムズ川では、コモンウェルスの各国から集まった大小一〇〇〇艘の船によるページェントが繰り広げられた。女王自身も一八世紀の水遊びさながらの豪奢な船で、王族たちとこれを堪能《たんのう》した。川岸には一二〇万人以上にも及ぶ人々が見物に訪れていたそうである。

さらに六月四日夕刻からは、バッキンガム宮殿前でのロック・コンサートである。ポール・マッカートニーのような大御所からジェシー・Jのような若手に至るまで、スーパースターのすべてが女王陛下の慶事を祝した。コンサート後の午後一〇時三〇分頃からは、いまやジュビリー恒例となったかがり火の点火が行われた。これまたコモンウェルス諸国も含めた全世界で三〇〇〇ものかがり火が次々と点灯されていった。

最終日の五日には、セント・ポール大聖堂での記念礼拝である。これまでの二度のジュビリーでは「黄金の公式馬車《ゴールド・ステート・コーチ》」で登場した女王であったが、高齢の女王には負担が重いため、より軽めのオープンの馬車で移動することになった。残念だったのは、エディンバラ公が傍らにいなかったことである。六月三日のテムズでのページェントでは運悪く雨にたたられてしまった。このときに体調を崩し、老公は四日と五日の行事は見送ったのだ。

とはいえ二〇〇〇人の招待客とともに大聖堂で礼拝を行い、バッキンガム宮殿へと戻ってくる女王に一〇〇万人以上の人々が沿道で手を振り続けていた。淡いコバルトブルーの上品な帽子とコートに身を包む女王の左襟元には、世界最大のダイヤモンド原石からカットされた一部、カリナンⅢとⅣをあわせたブローチがキラキラと輝いていた。二つあわせて一五八カラットという世界でも最大級のブローチは、「ダイヤモンド・ジュビリー」にふさわしい逸品といえようか。

こうして女王のジュビリーは大盛況のうちに幕を閉じた。王室のこれまでの広報戦略も定着してくれたおかげか、「ダイアナ事件」の余波がいまだ残っていた在位五〇周年記念のときと比べても、国民はさらに盛り上がっているかのようだった。イギリス王室と女王自身が国民全体から愛されていることを証明するかのような四日間であった。

国民に対する心からの返礼であろうか。二〇一二年のロンドンを盛り上げたもうひとつのイベントであるオリンピックが、七月二七日に開幕した。その開会式でのこと。歌手や俳優らがショーを繰り広げていたなかで、会場のスクリーンがいきなり一変した。

六代目の「ジェームズ・ボンド」を演じるダニエル・クレイグを乗せたタクシーが、バッキンガム宮殿の車寄せに到着するところからそれは始まった。宮殿に入るクレイグを待ち受けているのは、女王に三〇年以上も仕える近習《ペイジ》のポール・ワイブルー。すぐに彼の後について、クレイグは瀟洒《しょうしゃ》な部屋に案内される。扉を開けたワイブルーはこう告げた。「ボンド氏が到着しました、陛下」。

女王とジェームズ・ボンド　映画『幸福と栄光』のワンシーン．女王自身とジェームズ・ボンド役のダニエル・クレイグが出演しロンドン五輪開会式で放映された

すると画面は机の上で書き物をしている、淡いピンクのドレスに身を包んだ女性を映し出す。それはまぎれもなく本物の女王陛下であった。会場中が大歓声に包まれた。「こんばんはボンドさん」と笑顔で応じ、女王は護衛役の007を引き連れていざオリンピック会場へ。ヘリでロンドンを横断し、スタジアムの上空に来るやいきなりパラシュートで会場にスカイダイビングする女王陛下。もちろんこれはスタントマンであるが、その直後に会場にはアナウンスが。「紳士淑女の皆さん、エリザベス2世女王陛下です」。すると画面と同じドレスに身を包む女王陛下がエディンバラ公とともに入場してくるではないか。

この演出には世界中の人々が驚かされたはずである。それはダイヤモンド・ジュビリーで国民の間にとけ込んだ女王が、在位六〇年にして見せた離れ業でもあった。

サッチャーの死

在位六〇周年記念とオリンピック・パラリンピックを無事に終えた女王ではあったが、やはり疲れが溜まったのであろう。二〇一三年三月にエドワード7世病院で検査を行った。軽い胃腸炎の兆候が見られたが、わずか一日で退院となった。女王はそもそも病院は好まなかった。六〇年に及ぶ在位のなかで入院したのは今回も含めて五回だけだった。強靭《きょうじん》な体力と生命力は、一〇一歳まで生きた母親譲りなのかもしれない。

とはいえ、女王も確実に年齢を重ねてきていた。退院からまもなくして女王のもとに訃報が届けられた。元首相のサッチャー男爵が八七歳で亡くなった。女王より半年ほど早くに生まれた彼女は、どん底にあったイギリス経済を立て直した最大の功労者であった。本書でも見たとおり、コモンウェルスへの対応をめぐって女王と意見が合わないこともあったが、女王は彼女の退任直後にはメリット勲章を、さらにその五年後にはイギリス最高位のガーター勲章まで授けていた。いずれも君主個人の裁量に基づく栄誉である。

さらに女王は、四月一七日にセント・ポール大聖堂で執り行われたサッチャーの葬儀にも参列した。通常は君主は臣下の葬儀には出ないものである。彼女の宮廷で長年仕えてくれたごく少数の者を除けば、女王がこれまでに臣下の葬儀に出たのは一九六五年一月のチャーチルの国葬だけであった。今回のサッチャーの葬儀も準国葬待遇で行われた。自分と同世代のサッチャーの死に、女王もいろいろと思うところがあったのかもしれない。

荒野に立ち厳しい表情の女王，2012年　スコットランド最高位のシッスル勲章のローブに，祖母メアリ王妃から譲り受けたエメラルド付きのティアラを頭に着けている

しかし、サッチャーの葬儀の四日後に自らも八七歳の誕生日を迎えた女王には、休んでいる暇などなかったのである。この年の六月二日には、女王は戴冠式から六〇周年を迎えることになっていた。それにあわせて、BBCの特番でのインタビューや特別展示会などに協力しなければならない。それと同時に女王は、これを機に二枚の記念写真も撮らせることにした。

一枚は、戴冠式の折に身につけたのと同じく、宝冠《ダイアデム》を頭に被り、ドレスとローブにガーター勲章の頸飾をかけ、玉座に座ってニッコリと微笑むものだった。すぐ隣の机上には聖エドワードの王冠も置かれている。

ところがもう一枚の写真は、これとはまったく違う性質のものだった。撮影場所は屋外である。しかも背景には荒涼とした原野が拡がる。スコットランド最高位のシッスル勲章のローブを身にまとい、祖母メアリ王妃から譲り受けた豪奢なエメラルド付きのティアラを頭に着けて、左前方をじっと睨みつけている。「戴冠式六〇周年」の記念写真とは思えないアングルと構図である。

この写真は、女王が毎年夏に過ごすバルモラル城付近の原野で実際に撮影したものだった。スコットランド北部の高地地方《ハイランド》に特有の風景である。ということは女王が睨みつけている方向のはるか南方には首都エディンバラがあるということになろうか。いったいなぜ女王はこのような写真を撮らせたのであろうか。

スコットランド独立の動き

Ⅳ章で触れたようにブレア政権による権限委譲政策《デヴォリューション》の一環として、スコットランド、ウェールズ、北アイルランドにそれぞれの地域内の立法権が認められ、一九九九年からスコットランドに新たな議会が設置された。この設置も急に決まったため、議事堂はエディンバラにあるスコットランド教会総会堂にしばらくは置かれていたが、五年の歳月をかけてホーリールードハウス宮殿のすぐ目の前に最新式の設計で議事堂が完成した。二〇〇四年一〇月には女王臨席のもとで開館式も執り行われた。

以来、この議事堂では様々な討議が進められていったが、開設から一〇年も経過しないうちに議会内の勢力図にも大きな変化が見られるようになった。一九九九年の最初の選挙では、全議席一二九のうち、労働党が最大会派（五六議席）を占め、スコットランド国民党（SNP）が三五議席、保守党が一八議席と続いた。ところが二〇〇七年の選挙では、SNPが四七議席で第一党に躍り出たのである。このため、スコットランド自治政府首相には、同党の党首アレックス・サモンドが選ばれた。

SNPは長年「スコットランドのイギリスからの独立」を悲願として掲げてきた政党である。一九六〇年代までは連合王国のなかでも比較的貧しい地域であったスコットランドも、七〇年代後半からは北海油田の開発発展で力を盛り返し、八〇年代からは半導体産業や情報通信産業などの誘致に成功し、現在でもいわゆるIT産業の中心地となっている。しかし油田の利権の大半はロンドン（イングランド）に持っていかれ、いまだにイングランドはスコットランドを見下した態度をとる。

この積年の恨みを晴らす機会がついに訪れたのだ。二〇一一年の選挙では、SNPは六九議席を獲得し、単独過半数をつかんだ。この勢いに乗って、ついにサモンド首相はイギリスのキャメロン首相と会談し、二〇一二年一〇月に「エディンバラ合意」を結んだ。近年中にスコットランドで住民投票を行い、連合王国からの離脱を問いかけるというのである。

投票は、ハリウッド映画『ブレイブハート』（一九九五年）でも有名となったが、かつてのスコットランド国王ロバート1世（在位一三〇六～二九年）がイングランド軍を破ってスコットランドの独立を勝ち得た「バノックバーンの戦い」（一三一四年六月）の七〇〇周年にあたる、二〇一四年に設定された。

女王がシッスル勲章のローブを着けて記念写真を撮らせたのは、まさにこのような時機にあたっていたのだ。女王はもちろん自身の政治的見解を表には出さない。しかし自らの連合王国が解体していくさまなど見たくないはずである。

スコットランドでの女王人気

二〇一四年九月一八日に、投票は行われた。連合王国からの独立に賛成は四四・七%、反対が五五・三%となり、スコットランドの独立は見送られた。翌日、責任を取ってサモンド首相が辞任し、新しい自治政府首相には、女性として初めてニコラ・スタージョンが選ばれた。彼女もまた筋金入りの独立賛成論者であった。

のちにキャメロン首相が「洩らして」しまったことであるが、女王はこの選挙結果には「安堵した」ようである。とはいえ、スコットランドで独立を最も声高に訴える論者でさえ、女王陛下がスコットランドの国家元首にとどまることには異論はなかった。

女王にはスコットランドの血が半分流れている。彼女の母エリザベスはスコットランド名門貴族の娘である。子どもの頃からバルモラル城はもちろん、母の実家の城にもたびたび訪れていた。それどころかバルモラルには毎夏きて、スコットランドの人々とも深く接している。さらにチャールズら息子たちはスコットランドの高校を出ているし、いまや王室一の人

女王とスタージョン・スコットランド首相（左）2015年9月9日　イギリスからの離脱論が強くなるスコットランドだが，元首には引き続き女王を望む声が圧倒的だった

気者となったウィリアムとキャサリンはスコットランドの名門セント・アンドリューズ大学を卒業している。二人が出会ったのもまたスコットランドだった。

ウィリアムとキャサリンの人気はスコットランドで特に絶大だった。イギリス王室では、こうした「連合王国」としての性質上、男性王族が一家を構えて独立する際にはイングランドのみならず、各地域にゆかりの深い爵位を複数与えられる。ウィリアムも、イングランドのケンブリッジ公爵とともに、スコットランドの「ストラザーン伯爵」にも叙せられている。それゆえ、夫妻がスコットランドに滞在する際には、彼らは「ストラザーン伯爵夫妻」として人々に迎えられ、新聞報道などでもそのように呼ばれている。

そのストラザーン伯爵であるウィリアムを、二〇一二年七月に女王はシッスル勲爵士に叙している。キャメロンとサモンドの「エディンバラ合意」の直前のことである。スコットランドの人々は「イングランド」からの独立は考えていようとも、「女王陛下」からの独立などは毛頭考えていない。事実、二〇一四年の住民投票に先立つ選挙運動の際にも、サモンド首相は「もし独立した暁には、スコットランドの君主（国家元首）には女王陛下にとどまっていただきたい」と明言していたほどであった。

在位記録の更新

このサモンドの言葉は、彼の後任となったスタージョン首相にもしっかり引き継がれていた。住民投票からちょうど一年ほど経過した二〇一五年九月九日。この日女王はエディンバラ公とともに、スコットランド境界鉄道の開通式典のためウェイヴァリ駅に到着した。鮮やかなブルーの帽子とコートに身を包む女王にとって、それはごく普段どおりの日程で行われる、普通の公務であった。駅にはスタージョン首相も来ており、女王夫妻とともに列車に乗り込み、しばしの旅を楽しんだ。

しかし駅には一〇〇〇人以上の人々が詰めかけ、女王を一目見ようと列をなしていた。実はこの日の午後五時半頃に、エリザベス2世はイギリス史上最長の在位記録を更新することになっていたのである。彼女の高祖母ヴィクトリア女王が打ち立てた記録は二万三二二六日と一六時間。六三年と七ヵ月ほどということになる。

ヴィクトリア自身も、それまで祖父ジョージ3世が保持していた五九年と三ヵ月の記録を更新した、一八九六年九月二三日の日誌にこう綴っている。「今日、私はイギリス君主のなかで最長の在位を一日だけ更新した。みなが何らかのお祝いをすべきだと言ってきたが、来年六月の在位六〇周年まで何もしないように要請した。とはいえ、今日は一日中、新聞も騒ぎ立てていたし、王国のあらゆる地域、あらゆる階層の人々からお祝いの電報等が届けられ、いろいろと忙しかった」。

エリザベス2世もまた、特に式典や祝賀会などは望まなかった。一日だけ在位を更新したところで、この偉大なる高祖母を超えたなどとは思ってもいない。それが女王の偽らざる気持ちだったようである。

しかしこの栄えある日を一緒に過ごせたスタージョン首相は違った。女王夫妻と別れた後、彼女はインタビューにこう答えている。「私が思うに、昨年の住民投票の折にも申し上げておきましたが、女王陛下はスコットランドの女王です。仮にスコットランドが独立したとしても、国家元首としてとどまっていただくつもりです」。

それから七ヵ月後の二〇一六年四月二一日。女王はさらなる記録を打ち立てた。満九〇歳の誕生日を迎えたのである。イギリス史上で君主が九〇歳台になったのは初めてだった。君主としての最高齢記録を更新した相手はまたもやヴィクトリア女王であったが、それはこれより九年も前の二〇〇七年一二月二二日のことだった。ヴィクトリア女王は八一歳と八ヵ月ほどで亡くなっていたが、いまやエリザベス2世はそれを大きく上回る年齢に達していた。

しかも晩年のヴィクトリアは人の介助なしに馬車を乗り降りできず、歩くにも杖を手放せなくなっていた。ところがエリザベスはいまだに杖なしで元気に歩いているどころか、時として「医者の忠告も無視して」、ウィンザーやバルモラルで乗馬も楽しんでいた。

九〇歳の誕生日

四月二一日の誕生日当日に、女王夫妻はウィンザーの街をオープンカーに乗って行進した。大勢の人々がお祝いに駆けつけてきた。その日の晩には、城の裏庭で恒例のかがり火である。今回もコモンウェルス諸国も含め一〇〇〇本のかがり火が、女王のさらなる長寿を祈って次々と焚《た》かれていった。翌二二日には、ウィンザーに大変なお客様がやってきた。アメリカのバラク・オバマ大統領夫妻である。「女王陛下は驚くべき存在であり、イギリスにとってだけではなく、世界全体にとっての真の宝物である」と、大統領は演説した。

彼が「国賓」としてイギリスを訪れたのは二〇一一年五月二四日のこと。女王がアイルランド訪問から帰ってきた直後である。バラク少年が将来政治家になることを思い立ったのは、彼が生まれた一九六一年に大統領に就任したジョン・F・ケネディを尊敬していたからである。その年の六月五日（八月四日にオバマが生まれる二ヵ月前）に、まさにケネディ夫妻をバッキンガム宮殿で接遇したばかりか、バラク少年が教科書でしか知らないトルーマンやアイゼンハワーと親しく接したこの小柄な女王の姿を、晩餐会の席で大統領は畏敬の念を持ってじっと見つめ続けていた。

二〇一六年の女王公式誕生日もいつもよりは盛大に祝われた。そもそもはヴィクトリア女王（五月生まれ）の時代までは、君主の誕生日はタイムリーに祝われていたが、次代のエドワード7世は一一月生まれであり、国民に祝ってもらうには寒すぎるし、この国には雨が多すぎる。そこで五月か六月の都合のよい日程が選ばれるようになった。次のジョージ5世はもともと六月生まれだったが、エリザベスの父ジョージ6世は一二月生まれで、ここに「六月第二木曜日」を国王の公式誕生日として祝うように決まった。

女王とオバマ米大統領（左），バッキンガム宮殿，2011年5月24日 オバマは米英間の特別な関係を祝し，晩餐会でスピーチを行った

しかし「平日」であると日常業務にも差し障りがある。エリザベス2世の治世に入り、一九五九年から「六月第二土曜日」を公式誕生日とし、宮殿前での近衛連隊によるパレードなどが行われるようになったのである。

二〇一六年には、その前日の金曜日（六月一〇日）にセント・ポール大聖堂で記念礼拝が営まれることになった。その日はちょうどエディンバラ公の満九五歳の誕生日にもあたっており、王室は二重の喜びで包まれた。そして一一日の公式誕生日に、鮮やかな黄緑色の帽子とコート姿で登場した「卒寿」女王は、宮殿前に集まった一〇万人以上もの群衆とともに、パレードや空軍の作る飛行機雲を楽しげに見つめていた。

さらに翌六月一二日の日曜日には、女王がパトロンを務める六〇〇の団体が宮殿前の大通りザ・マルに集まり、それぞれに趣向を凝らした大昼食会が開催された。一万人以上が集まったそれぞれの宴会を、王族たちが気さくに廻り、会も大盛況に終わった。

ブレグジットの衝撃

ところがそれからわずか二週間後に、イギリスは未曽有の混乱の渦に巻き込まれていく。二〇〇八年九月の「リーマン・ショック」以来、イギリス経済も一時的に停滞期に入ったが、二〇一〇年代も半ばに入る頃にはある程度の回復も見られるようになった。この勢いに乗り、二〇一五年五月にキャメロン首相は議会を解散し、総選挙に打って出た。結果は与党保守党が三三一議席と単独過半数を制する（総議席数は六五〇）。野党労働党は二三二、SNPは五六議席であった。

この総選挙にあたって、キャメロン保守党は選挙綱領《マニフェスト》のなかに、「二〇一七年末までにイギリスのEU加盟の継続を問う国民投票を行う意向がある」とはっきりと述べていた。サッチャー時代から、保守党内にはEUがイギリスの主権を飛び越して各種政策について介入してくることへの不満や、EUに加盟する東欧諸国からの移民の急増に批判的な声が徐々に高まりを見せていた。こうした俗に「欧州懐疑派」と呼ばれる党内勢力の圧力に屈するかたちで、キャメロンはこのような公約を綱領に入れてしまったのだ。

しかし約束である。国民投票は二〇一六年六月二三日と決められた。全有権者の七二%にあたる三三五七万人が投票所に向かい、即日開票となった。結果は、EUからの離脱に賛成が五一・八九%、反対が四八・一一%であり、わずかの差ながらもイギリスのEU離脱（ブレグジット）が決まった。

この結果には、当のキャメロン首相自身が驚愕した。投票の直前まで行われていた世論調査でも「僅差でEU残留が決まる」と予想されていたからである。翌六月二四日、責任を取ってキャメロンは辞意を表明した。翌月、そのキャメロン政権で内相を務めたテリーザ・メイが首相に就任した。サッチャーに次ぎ、女性として二人目の首相である。彼女の手により、イギリスのEUからの離脱ができるだけ穏便なかたちで進められることになった。

今回の投票結果を左右したのは、サッチャリズムから「置き去りにされた人々」と呼ばれる、中高年の白人労働者階級の存在であった。彼らが青年時代を過ごした一九六五年あたりには、大学まで卒業できるのは成人の五%程度にすぎなかった。多くは高卒か中卒であり、彼らは不況の波にのまれるとすぐに解雇される対象であった。それが半世紀後の二〇一五年までには、成人に占める大卒人口は四〇%以上にまで上昇していた。彼らはイギリス経済の安定が、EUあってのものであることをよく心得ていた。今回の国民投票は、イギリス現代社会が抱えている、こうした階級間・地域間・世代間のギャップが複雑に絡み合いながら行われたのである。さらに深刻となったのは、「連合王国」間でEU離脱をめぐってかなりの温度差が見られたことであろう。

イングランドとウェールズでは、離脱派が五三％、残留派が四七％であったが、スコットランドでは離脱派は三八％、残留派が六二％と、残留派のほうが多数派であった。北アイルランドでも残留派は五六％を占め、離脱派の四四％に一二ポイントもの差をつけていた。しかしスコットランドの人口はイングランドの一〇分の一程度にすぎず、全体の数値にするとその意思を通すには圧倒的に不利であった。ここに再び「スコットランド独立」の機運が高まっていく。

親善訪問へ――政府からの要請

イギリスとEUの交渉により、二〇一七年三月二九日にはこれより二年以内に離脱を実現する方向で話がまとまった。同年六月にはメイ首相は議会を解散し、総選挙に臨んだ。しかし保守党は単独過半数を失い、少数党政権として存続することになった。これがまた彼女の党内、議会内での立場を弱めてしまった。

二〇一六年六月の国民投票に先立ち、大衆紙『サン』などは、女王がEU離脱に賛成しているなどという記事を掲載したが、女王が自らの見解を示すはずもない。しかし彼女はこの投票結果を受けて、メイ政権に全面的に協力していく構えを見せたのである。翌二〇一七年三月に離脱期限が正式に決まるや、イギリス政府は公式に王族たちにEU加盟国のすべてに「親善訪問」してほしいと要請してきた。王族たちはこれを快く引き受けた。

まずは一番の人気者、ウィリアムとキャサリンである。二〇一七年三月に二人はパリへ飛んだ。エリゼ宮ではオランド大統領と会見し、イギリスによる穏便な離脱への積極的な協力を要望した。三〜四月にはチャールズとカミラ夫妻がイタリア、ルーマニア、オーストリアの各国を、五月にはキャサリンが単独でルクセンブルクを、六月にはウィリアムが単独でベルギーをそれぞれ訪れた。

そしてついに女王の「曽孫の世代」まで動員されることになった。二〇一七年七月には、ウィリアムとキャサリン夫妻はポーランド、いまやEUの屋台骨ともいうべきドイツを訪問した。しかも二人の傍らには、ジョージとシャーロットの姿もあったのである。二人にとってはヨーロッパ・デビューの外交舞台となった。可愛らしい二人はすぐさま人々の心をつかんだ。とはいえ、まだ四歳と二歳の子どもたちである。ベルリンの空港に着くや、ジョージは疲れ切って泣きべそをかいてしまった。しかしこの後、お父さんと一緒にハンブルクでヘリコプターに乗せてもらうや、途端に機嫌を直してくれた。

ドイツではウィリアム夫妻はメルケル首相とも会見し、EU離脱問題での協力を要請している。さらに一〇月には弟のハリーがデンマークを訪れ、マルグレーテ2世女王と会談した。翌二〇一八年一～二月には、ウィリアム夫妻は今度はノルウェーとスウェーデンを訪問した。ノルウェーはEUには加盟していない。今後もイギリスとの経済協力を望むと同時に、ヨーロッパでEUに加盟せずに経済を安定させられる「お手本」にもなってくれるだろう。また両国では、次世代を担うホーコン皇太子一家、ヴィクトリア皇太子一家とも親交を重ねたウィリアム夫妻であった。

ポーランドに降り立ったケンブリッジ公夫妻と子どもたち，2017年7月　ブレグジットの衝撃緩和のため，英政府の要請によりEU加盟国すべてに王族が「親善訪問」を行った

七月には、五月に式を挙げたばかりのハリーとメーガンの新婚夫妻も動員された。行き先はアイルランド共和国。イギリスがEUを離脱するともなれば、同国と北アイルランドとの国境管理もあらためて行わなければならない。北アイルランドはEUパスポートを喪失し、このままではヒトもモノも勝手に入り込んできて、イギリスに流れる可能性もある。イギリス議会内では、北アイルランドだけ部分

的にEUに残留する案も出されたが、保守党内の反発で否決された。

このようなアイルランドに、五月のロイヤル・ウェディングで世界中から注目を浴びたばかりのハリー夫妻が訪れたのである。もちろん各地で人気を博した。四年前にイギリスを訪れたヒギンズ大統領夫妻からも二人は温かい歓待を受けた。

王室外交の極意

当然のことであるが、王族たちが政府の政策を自らの手で進めるようなことはしない。実際の離脱交渉は、政府高官や外交官の仕事である。しかしフランス大統領やドイツ首相といった多忙を極める要人は、普通の高官や外交官では簡単に会ってはくれない。そのようなときに女王の子や孫たちが訪れるともなれば、彼らに会わないわけにはいかない。こうした王族の訪問に随行するかたちで、政府高官や外交官らが各国を廻り、相手国の政府高官や外交官らと現実の交渉を進める。

王室はまさに外交の「ソフト」の部分を担い、政府や外務省は「ハード」の部分を担っている。そのソフトの外交の頂点ともいうべきものが、「国賓」による公式訪問となろう。

子どもや孫たちにヨーロッパ歴訪は任せ、高齢の女王はヨーロッパからの賓客を丁重にもてなす責務を担っていく。まずは二〇一七年七月に迎えた、スペインのフェリーペ6世国王夫妻である。

実は今回のEU離脱に伴い、最も交渉の難航が予想される国のひとつがスペインだった。その原因が「ジブラルタル領有問題」である。イベリア半島南端に位置し、地中海の出入り口を見下ろすジブラルタルは、一七一三年以来イギリスの領土である。スペイン王位継承戦争（一七〇一～一四年）でスペインから割譲されたのだ。二〇世紀に入り、この領有をめぐってはたびたび両国間で係争が生じた。それは王室同士の確執にもつながった。

女王自身が、戴冠式後の「コモンウェルス・ツアー」の最後を飾ったのもジブラルタルであったが、これ以降も王族が次々と同地を訪れて、イギリスとの紐帯《ちゅうたい》となっていた。一九八一年にはチャールズとダイアナがブリタニア号で新婚旅行に出かけたが、その出発地もジブラルタルだった。これが事前に発表されるや、スペインのファン・カルロス国王夫妻は二人の結婚式への欠席を表明した。二〇一二年のダイヤモンド・ジュビリーのツアーでもエドワード夫妻が同地を訪れることになり、五月にウィンザーでの午餐会への出席を予定していたソフィア王妃が急遽、参加を取りやめてしまった。

ジブラルタルは、地理的にはスペインに取り囲まれているものの、そこに暮らす住民の心情はイギリスそのものだった。二〇〇二年には、イギリス・スペインによる共同統治案に関する住民投票が行われたが、九九%がこれに反対だった。

これを大きく変えてしまう可能性が高まったのが、ブレグジットだったのである。二〇一六年六月の国民投票には、もちろんジブラルタルも参加していた。そしてEU残留派が九

スペインのフェリーペ6世と杯を交わす女王，2017年7月

六％、離脱派が四％という圧倒的な数字で住民の大半が離脱に反対したのである。このままイギリスの離脱が決まれば、ジブラルタルはスペイン領に移行してしまうのか。

こうした微妙な問題も、二〇一七年七月のフェリーペ訪英の際には政府間で話し合われることになった。国会議事堂の一室で国王は両院議員らを前に演説し、「双方に受け入れられるような調整が政府間の対話と努力で進められるものと確信いたしております」と、メイ首相や労働党党首ジェレミ・コービンらに訴えた。国王とレティシア妃を温かく迎え入れた女王も宮中晩餐会で次のように述べた。

「公式訪問は、スペイン＝イギリス関係を物語ってくれるとともに、相互の尊敬と友好を示す最もよい機会となります。そして時として、公式訪問は個人的な幸せの機会をもたらしてくれます。いまから一世紀以上前、陛下の曽祖父にあたるアルフォンソ13世国王は、未来の花嫁でわれらがヴィクトリア女王の孫ヴィクトリア・ユージェニーと、まさにこの部屋で出会ったのです。

イギリスとスペインの両王家はこの二人の結婚により親戚関係にあった。さらに晩餐会に出席するフェリーペ6世の左胸にはガーター勲章の星章《スター》が、左肩から右腰には鮮やかなブルーの大綬《サッシュ》が輝いていた。この直前に女王から贈られたのである。通常は、ヨーロッパの王侯が即位して初めてイギリスを訪れた場合には、ロイヤル・ヴィクトリア勲章頸飾《チェーン》を授与されるものである。国王の父フアン・カルロスもそうだった。

ところが今回は初訪英でいきなりの「ブルーリボン（ガーター勲章の愛称）」である。女王のこの「破格の」贈り物には、フェリーペ国王、さらにはスペイン側の友好的な態度を期待する「なにか」が込められているといっても不思議ではあるまい。晩餐会での返礼演説で、フェリーペ自身もガーター勲章へのお礼をわざわざ文言に入れるという「異例の」反応を示していることからも、それはうかがい知ることができるかもしれない。

翌二〇一八年一〇月に女王が迎えた国賓は、オランダのウィレム・アレクサンダー国王夫妻であった。彼もまた、国王になって初訪英の今回、いきなりガーター勲章を授与された。その日の晩餐会で女王はこう演説した。

一九七二年に陛下のおばあさまであるユリアナ女王をベルンハルト殿下とともに国賓としてお迎えした際、われわれ両国の緊密な理解と関係が、当時ヨーロッパに現れつつあった新しい形態にとって、ますます重要になるだろうとお話ししたことを思い出しております。これからさらに新しくヨーロッパと協力するにあたって、われわれ両国が価値観と責任を分かち合っていることは最大の強みとなりますし、それはたとえこれまでの関係が多少変わろうとも、永続的な同盟が強固に残り続けることも示してくれるでしょう。

この発言は女王がブレグジット実行にあたって、この問題に直接的に言及した初めての演説であると言われている。

想えば、この演説に出てくる一九七二年に、イギリスは必死の思いでECに加盟し、その年に女王は加盟国から三組の国賓を迎え、また自ら国賓としてパリへ赴いてフランス大統領に感謝したものである。それがいまではそのヨーロッパの共同体から離脱するために、再び加盟国の首脳と友好関係を強化しなければならないのだ。このような女王の姿に、「歴史の皮肉」を感じざるを得ない。

エディンバラ老公の「引退」

女王がフェリーペ国王夫妻歓迎のための準備に追われていた二〇一七年五月、夫君エディンバラ公が八月初旬の公務を最後に、単独での公務から「引退」する意向にあることが明らかとなった。

老公はすでに、ジョージ3世の王妃シャーロットが保持していた君主の配偶者としての最長記録（五七年七〇日）を二〇〇九年四月に追い抜き、ヴィクトリア女王の三男アーサー王子（コンノート公爵）が持っていたイギリスの男性王族中での最長寿記録（九一歳と八ヵ月）も二〇一三年二月に更新し、妻に劣らぬ驚異的な生命力と体力を誇っていた。しかしその彼も引退表明の翌月には満九六歳を迎える高齢であった。

その九六歳の彼が、当時パトロンとして抱えていた団体の数は七八五にも及んでいた。王室のなかで最多である。さらに妻が女王となってからの六五年間で、老公が単独で公務を行ったのは二万二二一九回、単独での海外公務は六三七件、行った演説は五四九六回を数えていた。「私は世界で一番除幕式に立ちあった男だろうな」とは、老公の言葉である。

ヴィクトリア女王にもアルバート公というかけがえのない伴侶がいた。そのアルバートには「王配殿下《プリンス・コンソート》」という称号が与えられていたが、フィリップに与えられたのは「連合王国の王子」だけだった。しかし彼はそれだけで満足だった。アルバートのように、妊娠・出産を繰り返す妻の代わりに、政務を取り仕切ろうなどとは露ほども思っていなかった。国内で数多くの公務をこなす一方、世界自然保護基金（WWF）の総裁として一五年にもわたって

最後の任務を終えたエディンバラ公，2017年8月2日
イギリス海兵隊元帥として閲兵を行った

国際的に活躍を続けた。

「女王の夫」というものは大変な職務である。「国王《キング》」の妻であれば「王妃《クイーン》」として夫と対等の関係に位置づけられ、尊称も「陛下《マジェスティ》」である。しかし「女王《クイーン》」の夫は「王配《プリンス》」にすぎず、尊称も「殿下《ハイネス》」と一段下になってしまう。

デンマークのマルグレーテ2世の夫君ヘンリク殿下は、晩年に認知症を患《わずら》ってしまったとはいえ、この格付けが不服で自身を「王」にしろとマスメディアからの取材で訴えたことがあった。また、第二次世界大戦後にオランダのベアトリクス女王と結婚したクラウス殿下は、大戦中にオランダを占領したドイツの出身ということもあり、王室に入ってからしばらくは鬱《うつ》病になってしまったこともあった。

これらヨーロッパ大陸の殿下たちとは異なり、エディンバラ公はつねに女王の後ろに立ち、彼女を支えることに徹してきたのである。その老公の「最後の単独公務」は、二〇一七年八月二日、バッキンガム宮殿で行われた王立海兵隊のパレードであった。老公は、女王の戴冠式当日（一九五三年六月二日）に任命されて以来、六四年間にわたって海兵隊元帥《キャプテン・ジェネラル》を務めてきた。小雨が降りしきるなか、老公は長年愛した海兵隊員たちが力強く行進する姿を最後まで見届けていた。

それから三ヵ月後に、女王と老公はプラチナ婚式（結婚七〇周年）を迎えた。イギリス王室でも初めての快挙である。エディンバラ老公は、こののちは公言したとおりいっさい王室の行事には参加しなくなった。戦没者追悼記念式典、コモンウェルス・デーの礼拝、ガーター・セレモニー、女王公式誕生日のパレードにも老公の姿はなかった。

精力的な女王と次世代への移行

しかし女王のご用繁多は相変わらずであった。老公が引退を表明した翌月、二〇一七年六月一四日にロンドン西部に建つ高層住宅棟「グレンフェル・タワー」で火災が発生した。七〇人以上の死者を出し、一時ロンドンは騒然となった。翌一五日にはメイ首相が現地を訪れ、消火にあたった消防隊員らと会見したものの、いまだ建物に近づくのは危険ということで被災者には会わずに引き上げてしまった。これがマスメディアから叩かれる原因となった。その翌日の一六日、今度は女王がウィリアム王子を伴って現地に激励に訪れた。もちろん女王は消防隊員の活動を労《ねぎら》うと同時に、危険区域などおかまいなしに、生存者にも会って励まし続けた。この対応にマスメディアからも絶賛の声があがった。

実は女王には「教訓」があった。これより三〇年ほど前の一九八八年一二月にスコットランド南西部のロッカビー上空で、パンアメリカン航空機が爆破され、乗客乗員二五九名が全員死亡する事故が起こった。当時のサッチャー首相がすぐさま現場に駆けつけ、追悼礼拝に参加したのに対し、王室からは誰も参加しなかったのである。ダイアナはカリブ海で日光浴を楽しみ、アンはアルプスでスキーを楽しんでいる始末だった。のちの「ダイアナ事件」とともに、非常事態が生じた場合には、初動での対応が重要であることを女王は身に浸みて理解できるようになっていたのだ。

この二〇一七年には恒例のCHOGMも開催される予定だった。ところが開催予定地のバヌアツ（南太平洋）が一五年に生じたサイクロンにより甚大な被害を受け、国際会議など開けなくなってしまった。このため急遽二〇一八年に開催がずらされ、場所もロンドンに決まった。女王はバッキンガム宮殿とウィンザー城を首脳らに提供した。

一九五三年に八ヵ国からスタートしたコモンウェルス加盟国も、いまや五三ヵ国に達し、世界の陸地面積の五分の一、人口の三分の一（約二四億人）を占めるまでに至っていた。四月に開幕したCHOGMでは、地球環境の改善やLGBTの権利を認めるなど、様々な問題が討議された。しかし今回の目玉は「次期首長」の問題であった。

これまで六五年にわたってコモンウェルスを支え続けてきた女王も、会議終了直後に満九二歳を迎える。近年では開催地が遠い場合にはCHOGMにも出席できなくなった。二〇一三年のCHOGMはスリランカで開かれたが、女王は出席せず、ここにチャールズ皇太子を名代として送り込んだ。チャールズは無事、首長の大役をこなすことができた。コモンウェルスの首長は、女王自らが就いたときもそうであったように、世襲ではない。あくまでも加盟国首脳たちの話し合いによって決まる。

四月二〇日には、ウィンザー城のウォータールーの間で首脳らによる非公開の会議が開かれた。ここで女王が亡くなった後のコモンウェルスの次期首長には、チャールズ皇太子が満場一致で決まった。

さらにこれに先立つ、首長と各国首脳たちとの私的謁見も、女王は次代を担う王族たちにそのほとんどを託すことにした。チャールズはニュージーランド、キプロス、ウィリアムはタンザニア、ケニア、ハリーはドミニカ、マラウィ、ルワンダなど、アンはトンガ、ナウルなど、アンドリューはパプア・ニューギニア、モザンビークなど、といった具合に、各人が各国の首脳たちと同時間ずつ会見し、各国の状況を把握していった。

ハリーの結婚と新たなる王室へ

二〇一八年のCHOGMが無事に閉幕すると、翌四月二一日には、これらすべての首脳たちも招かれ、ロンドンのロイヤル・アルバート・ホールで女王の九二歳を祝う記念コンサートが開かれた。ここで司会役を務めたのが女王の孫ハリー王子だった。

「ダイアナ事件」の後に、兄と同じくイートン校に進学したものの、勉学があまり好きではなかった彼は大学には進まず、サンドハースト陸軍士官学校を経て、陸軍軍人の道を歩んだ。その間に二度もアフガニスタンで従軍している。少年時代には、友達とのパーティーでナチスの制服のような仮装をしてマスメディアから叩かれたり、そのマスメディアの取材攻勢に耐えられずカメラマンに殴りかかったりと、いろいろと事件を起こしたハリーではあったが、いまや立派な王族に成長していた。

亡き母ダイアナが立ち上げた対人地雷廃止運動の団体を引き継ぐ一方で、自身が軍人として戦死や負傷に立ちあってきたこともある。傷痍軍人たちのためのパラリンピックともいうべき「征服されざる者たちの競技大会（Invictus Games）」を自ら設立した。この競技大会はやがて各国から賞賛された。アメリカのミッシェル・オバマ大統領夫人やカナダのジャスティン・トルドー首相らの協力も受け、イギリスを皮切りに、アメリカ、カナダ、オーストラリアなど毎年各地で大会が開かれるようになっていった。二〇二〇年五月には、オランダのハーグで開催される予定となっている。

女王はこのハリーに、二〇一八年のCHOGMの際に「コモンウェルス青年フォーラム」の代表を任せることにした。未来のコモンウェルスを支える青少年たちの声を活かしたい。そう考えた女王は、これをとりまとめる大役をハリーに与えた。

そして首脳会議の翌月、五月一九日にハリーは盛大な結婚式をウィンザー城のセント・ジョージ礼拝堂で行うことになったのである。花嫁はメーガン・マークル。アメリカ出身の女優である。しかし王室に嫁ぐ身としては「異色の女性」であった。彼女の母親はアフリカ系であり、彼女自身には離婚歴があった。これより八二年前の一九三六年に、女王の伯父エドワード8世がウォリスと結婚しようとして阻まれたのが、「アメリカ人」を嫌う上流階級と「離婚歴」を嫌う中産階級と労働者階級という、イギリス全体に拡がっていた価値観によってであった。

ハリー王子とメーガン妃，2018年5月19日　結婚式後のパレードで

　しかし時代は確実に変わっていた。イギリス人自身も離婚が一般的になり、王室内でもハリーの両親はもとより、叔父も叔母にも離婚歴があった。さらに「異なる民族間の結婚」についても同じことが言えた。ハリーとメーガン（ハリーより三歳年上）が生まれた一九八〇年代のイギリスでは、異なる民族間の結婚に違和感を持つ割合は五〇％を超えていた。それが二〇一二年の統計ではわずか一五％に減少し、特に二〇代の若者層では五％のみにすぎなくなっていた。

　王室は国民統合の象徴として、様々な人生経験を有する人々を代表する存在になるべきなのかもしれない。女王は二人の結婚を許した。普段は公式行事には姿を現さなくなったエディンバラ老公まで、この日に限っては愛する孫のためにモーニング姿でやってきた。女王夫妻は、六〇〇人の招待客とともにセント・ジョージ礼拝堂の最上席に着席したが、この結婚式もまた「異色」のものとなった。

説教を担当したのはアメリカ聖公会の首座主教で黒人のマイケル・カリー師。さらに式を盛り上げる歌は、ロンドンのキングズ・クワイヤー（黒人主体）による『スタンド・バイミー』。ウィンザーというより、まるでニューヨークのハーレムの教会にいるかのような錯覚にとらわれるなかで、厳かに式は進んでいった。城の周りには一二万人もの人々が詰めかけ、二人を祝福した。式はテレビ中継され、全世界で二五億人以上の人々が視聴し、式の間だけで一分間に四万件もツイートされる盛り上がりようであった。

花婿のお付きにはジョージ王子が、花嫁のお付きにはシャーロット王女がそれぞれいた。女王にとってはいままで経験したこともないような結婚式だったかもしれないが、式後に行われた記念撮影では幸せそうな笑顔で新郎新婦とともに写真に収まっていた。

先のウィリアムのときと同様に、結婚して一家を構えたハリーには、サセックス公爵（イングランド）とともに、ダンバートン伯爵（スコットランド）などの爵位が与えられた。そして挙式の翌年、二〇一九年五月六日にハリーとメーガンに男の子が誕生した。アーチー・ハリソンと名付けられたこの子は、女王にとって八番目の曽孫となった。

女王の挑戦は続く

ハリーの結婚から半年後の二〇一八年一一月一四日、彼の父チャールズ皇太子は七〇歳を迎えた。翌一九年七月には、カーナヴォン城でウェールズ大公叙任式を執り行ってから早くも半世紀が経過していた。

二〇一〇年代に入ってから、ヨーロッパ大陸では、自身の高齢化と世継ぎ（皇太子）が立派に成長していることを見越して、エリザベス女王より年下の君主たちが次々と譲位していた。オランダのベアトリクス女王（七五歳：年齢は引退時。以下同）、ベルギーのアルベール2世（七九歳）、スペインのファン・カルロス1世（七六歳）。さらにかつて自身の戴冠式にも出席してくれた日本の明仁天皇（八五歳）も「生前退位」し、徳仁皇太子に譲っていた。

しかし女王は退位するつもりはなかった。そもそもがこの国には高齢化や病気などに伴う「譲位」という慣習はなかった。仮に君主としての機能を果たすことができなくなったとしても、その場合には皇太子が「摂政《リージェント》」に就任し、君主の執務を代行するのが習わしとなっている。一九世紀の初頭にジョージ3世が病に倒れ、一八二〇年に彼が亡くなるまで九年にわたって皇太子（のちのジョージ4世）が摂政を務めた事例がそれにあたる。

こうした慣例とは別に、女王には退位する意思などない。なにより自身の戴冠式のときに、その人生をすべてこの国に捧げると神に誓ったのであるから。

責任感の強い、謹厳実直なエリザベス女王は、今後とも命ある限り女王を続けていくことになるだろう。ブレグジットの問題もこじれにこじれ、二〇一九年にイギリスは世界に恥をさらすような事態となった。メイ政権がせっかくEUとの交渉を巧みに進めようとしても、EUに対する妥協的な提案はすべてイギリス議会内で否決されてしまった。八方ふさがりとなったメイ首相はついに七月辞任し、EU離脱強硬派のボリス・ジョンソンが後任に決まった。一二月に総選挙で大勝を収めたジョンソンは、二〇二〇年一月末にEUからの離脱をようやく成し遂げた。しかしイギリスの真の正念場はこれからであろう。

さらに、二〇二〇年一月には、ハリー王子とメーガン妃が主要王族の立場から離れ、北米に拠点を置いてこれまでとは異なる活動を展開したいと突然発表した。女王にもチャールズ皇太子にも事前に相談のなかったこの発表は、王室内外に大きな衝撃を与えるものだったが、今後はより慎重な協議がハリーと女王との間で進められることになる。

このように、エリザベス女王が在位した六八年近くにわたる期間だけでも、イギリスという国は大きく変わってしまった。イギリスだけではなく、世界全体が大きく変わっている。しかしこの間に様々な経験を積み、多くの難問にも負けずに立ち向かってきた女王は、これからも難局を乗り越えていくだろう。

二〇二二年二月に、女王はイギリス史上初めての「在位七〇周年記念《プラチナ・ジュビリー》」を迎える。エリザベス女王の挑戦はまだまだ続くことになりそうである。

おわりに

「私は民主的君主制《デモクラティック・モナーキー》の女王にはなれませんし、またなるつもりもありません」

これはエリザベス2世の高祖母にあたるヴィクトリア女王が、一八八〇年に自由党政権の閣僚のひとりに述べた言葉である。ヴィクトリアの時代には、一時的に「共和制危機」と呼ばれる反君主制的な動きも見られたが（一八六八～七一年）、概して一般大衆は君主にも貴族にも恭順《きょうじゅん》を示していた。しかし、度重なる選挙法改正（下の階級への選挙権の拡大）と、二〇世紀の二度の世界大戦とにより、現代世界は貴族政治《アリストクラシー》の時代から大衆民主政治《マス・デモクラシー》の時代へと大きく移り変わっていった。

いまや「民主政治」と「人権」を尊重しないような政治体制は、君主制であれ共和制であれ、生き残るのは難しい状態となっている。第二次世界大戦後に中東やアジアで次々と姿を消していった皇帝や国王たちの姿を見ても、さらに「アラブの春」（二〇一〇～一二年）と呼ばれた一連の民衆運動で追い落とされた大統領たちの姿を見ても、一目瞭然《りょうぜん》であろう。ヴィクトリアがなることを拒んだ「民主的君主制の女王」は、玄孫《やしゃご》のエリザベスには拒むことはできなくなっている。

そのエリザベス女王の治世にしても、この六八年間で急激な変化が見られてきた。まずは王室や貴族といった、上流階級に対する中下層階級からの崇敬や恭順という考えかたが薄まっていったことがあげられよう。

その最大の契機となったのが、イギリス経済をどん底から救った「サッチャー主義《サッチャリズム》」である。個人の「自助」の精神に基づく努力次第でいくらでもよい生活が手に入るという自由競争の思想は、それまで無条件に頭を下げてきた君主や貴族でさえ怠《なま》ければ自分たちより下になるのだという発想を、中下層階級の人々に植えつけていくことになった。

そのような考えかたを反映してか、サッチャーが首相から退いた一九九〇年の時点では、「王室がなくなると、イギリスの状況は今より悪くなると思うか？」という世論調査は、七五％が「悪くなると思う」と答えていたのに対し、一九九九年になるとその数は四四％にまで減少してしまう。特に若い世代（一八〜二四歳）では「悪くなる」と答えたのは、二五％を切ってしまったくらいである。この驚くべき数値には、二年前の九七年に起きた「ダイアナ事件」の影響もあるかもしれない。

さらに二〇〇〇年八月に『タイムズ』が行った世論調査では、「今後五〇年以内にイギリスは共和制に移行するか？」という問いかけに対し、実に五〇％もの人々が「移行すると思う」と答えているのである。

イギリスで、君主や王室に対する考えかたに変化が見られるもうひとつの側面が「宗教」であろう。二〇世紀後半から、イギリスに限らず、全世界で顕著となった現象が「世俗化」である。いわゆる人々の「宗教離れ」ということだ。

エリザベス女王が華やかな戴冠式を挙行した三年後にあたる一九五六年に行われた世論調査では、国民の三五％が「女王は神によって選ばれた存在である」と答えていた。しかしそれから半世紀ほどで、イギリス国民の宗教観も大きく変わってしまったようである。一九八五年の段階で、イギリスでは「自分はキリスト教徒である」と回答した数は六三％であり、「無宗教（何も信じない）」と答えた者は三四％であった。それが四半世紀後の二〇一〇年になると、「キリスト教徒」と答えたのは四二％なのに対し、「無宗教」と答えた割合は五一％へと逆転している。

このようななかで「イングランド国教会の首長」として、キリスト聖誕祭《クリスマス》や復活祭《イースター》、在位記念式典や戦没者追悼式など、各種の行事を取り仕切らなければならない女王も王室も、はたして「国民統合の象徴」といえる存在になりうるのだろうか。

アメリカで同時多発テロが生じた二〇〇一年のクリスマス・メッセージで、エリザベス女王は次のように人々に訴えかけた。

公正で秩序ある社会を形成しようと志す人々は、偏見や無知、恐れを打ち消し、お互いの相違や誤解を克服することができるのです。私たちはお互いに何かを学びあうものなのです。キリスト教、ユダヤ教、イスラーム教、仏教、ヒンドゥー教、シーク教など、どのような信仰を持っていようとも。若かろうが、年取っていようが、都会の者であれ、地方の者であれ、どのような背景を持っていようとも。

二一世紀に入り、女王の在位五〇周年記念式典《ゴールデン・ジュビリー》（二〇〇二年）や在位六〇周年記念式典《ダイヤモンド・ジュビリー》（二〇一二年）、さらに孫のウィリアム王子の結婚式《ロイヤル・ウェディング》（二〇一一年）など、王室に関わる重要な行事で行われる礼拝には、カトリックやルター派、東方正教会、さらにユダヤ教やイスラーム教、ヒンドゥー教など、イギリスで布教活動を行うキリスト教の他宗派や異なる宗教の高位聖職者たちもすべて招かれるようになった。さらに次代を引き継ぐチャールズ皇太子にいたっては、学生時代から他宗教の勉強に熱心であり、「異宗教間の対話」に長年尽力してきた人物である。

本書第V章でも紹介したとおり、特に二一世紀に入ってから、イギリス王室は自分たちの活動を積極的に広報し、また王族のカトリック教徒との結婚の許可や「絶対的長子相続制」（男女を問わず第一子が継承で優先される制度）の導入など、様々な改革に乗り出していく。こうした改革も反映してか、先の二〇〇〇年の世論調査結果とは裏腹に、二〇一一年に行われた世論調査では「女王の死後も君主制を残すべきか？」という問いに、「残すべき」と答えた割合は実に八二%にも達しているのである。

「ヨーロッパの君主制の多くは、その最も中核に位置する、熱心な支持者たちによってまさに滅ぼされたのである。彼らは最も反動的な人々であり、何の改革や変革も行わずに、ただただ体制を維持しようとする連中だった」

これは本書の主人公エリザベス女王を七〇年以上にわたって支え続けてきた、エディンバラ老公の言葉である。彼自身、生後わずか一歳のときにクーデタで国を追われたギリシャ王室の出身であり、ギリシャはそれから五〇年ほど後に共和制へと移行することになった。まさに自身の一族の体験を踏まえた名言と言えよう。

この老公の言葉の裏返しと言えようか、時代に即した改革を進める現実主義と柔軟性を備えている限り、女王と王室はこれからも国民と手を取り合ってイギリスを盛り立てていくことができるはずだ。二〇一六年からの数年にわたり、イギリスは「EU離脱《ブレグジット》」問題で揺れに揺れている。しかしそれでも国家が分裂せずにいられるのは、国民に「継続性と安定性」をもたらすことのできる、女王と王室の存在があるからなのかもしれない。

二〇二二年にエリザベス女王はイギリス史上初めての「在位七〇周年記念《プラチナ・ジュビリー》」を迎える。そのときまでにブレグジットとその後始末もひとまずは落ち着き、イギリスに安定が取り戻されることを切に願う次第である。

あとがき

著者は、これまで数多くの評伝を手がけてきたが、いまだ存命の人物を対象とするものとしては本書が初めての作品となる。もちろんエリザベス女王が主人公の一人である本はいくつか書いてきたが、彼女の生涯（といってもまだ閉じられていないが）についてのみを扱った作品はこれが初めてである。なぜ書かなかったのか。

ひとつには、人物の評価というものは「棺を蓋《おお》いて事定まる」の格言にもあるとおり、死後でないと冷静な判断ができないのではないかと危惧したことにある。

それとも関わるが、もうひとつの理由が「史料的な制約」にあった。本書執筆の際にも利用させていただいた、ウィンザー城ラウンドタワーの頂上にあるイギリスの王室文書館が保管する「エリザベス2世関連文書」は、女王の公式な伝記作家にのみ閲覧が許され、それ以外の者は近づくことさえできない。通常の文書であれば女王の死後五〇年、より重要な文書の場合には没後一〇〇年は公開されることがない。

しかもエリザベス女王は、几帳面だった祖父ジョージ5世や父ジョージ6世と同様に、おそらく毎日「日記」をつけているとされている。そこには、日英開戦（一九四一年一二月）の折の感慨や、昭和天皇に実際に会ってみての感想（七一年一〇月）、日本を訪れての印象（七五年五月）など、われわれ日本人にとっても興味が尽きない史料もあるはずだ。

ところがこれもおそらくはそう簡単には公表されることもなく、著者の目に触れる前に、著者自身の人生が全うされてしまうものと思われる。

こうしたいくつかの理由から、エリザベス女王の評伝の執筆を逡巡していた著者の背中を押してくれたのが、中公新書編集部の白戸直人さんであった。白戸さんにはこれまで、『ヴィクトリア女王』（二〇〇七年）、『物語　イギリスの歴史』（上下巻、二〇一五年）でお世話になっており、氏と共同での「イギリス史三部作」の最後を飾るにふさわしい題材として、『エリザベス女王』に取り組むこととなった。本書が白戸さんの意図に沿うものであったことを強く願うものである。

また、王室文書館の史料を閲覧・使用する際に許可を与えてくださった、本書の主人公エリザベス2世女王陛下に心から感謝したい。また実際に史料の利用に際してご協力くださった、同文書館の主席文書官アリソン・デレット女史に謝辞を呈したい。

さらに、ご専門とは異なる視点から本書に数々の助言をくださった岡本隆司先生（京都府立大学教授）には感謝の気持ちでいっぱいである。

そしていつも著者を見守ってくれている家族にも感謝する。特に、本書脱稿直後に倒れ、手術により恢復した母に本書を捧げることをお許し願いたい。母は、常日頃から自身より一五歳も年上のエリザベス女王が高齢にもかかわらず元気に美しく公務をこなしている姿に感銘を受けてきた。その母が本書を手に取り喜んでくれることを祈念してやまない。

君塚直隆

二〇二〇年一月二八日

エリザベス女王の在位六八周年を前に

主要参考文献

君塚直隆『女王陛下のブルーリボン――英国勲章外交史』(中公文庫，2014年)
君塚直隆『物語 イギリスの歴史』(下巻，中公新書，2015年)
君塚直隆『肖像画で読み解く イギリス王室の物語』(光文社知恵の森文庫，2015年)
君塚直隆『立憲君主制の現在――日本人は「象徴天皇」を維持できるか』(新潮選書，2018年)
君塚直隆・細谷雄一・永野隆行編『イギリスとアメリカ――世界秩序を築いた四百年』(勁草書房，2016年)
倉持孝司編『「スコットランド問題」の考察：憲法と政治から』(法律文化社，2018年)
佐々木雄太『イギリス帝国とスエズ戦争――植民地主義・ナショナリズム・冷戦』(名古屋大学出版会，1997年)
佐々木雄太・木畑洋一編『イギリス外交史』(有斐閣，2005年)
篠崎正郎『引き留められた帝国――戦後イギリス対外政策におけるヨーロッパ域外関与、1968〜82年』(吉田書店，2019年)
冨田浩司『危機の指導者チャーチル』(新潮選書，2011年)
冨田浩司『マーガレット・サッチャー：政治を変えた「鉄の女」』(新潮選書，2018年)
橋口豊『戦後イギリス外交と英米間の「特別な関係」：国際秩序の変容と揺れる自画像、1957~1974年』(ミネルヴァ書房，2016年)
細谷雄一『外交による平和――アンソニー・イーデンと二十世紀の国際政治』(有斐閣，2005年)
細谷雄一『倫理的な戦争――トニー・ブレアの栄光と挫折』(慶應義塾大学出版会，2009年)
細谷雄一『迷走するイギリス――EU離脱と欧州の危機』(慶應義塾大学出版会，2016年)
水島治郎・君塚直隆編『現代世界の陛下たち――デモクラシーと王室・皇室』(ミネルヴァ書房，2018年)
水本義彦『同盟の相剋 戦後インドシナ紛争をめぐる英米関係』(千倉書房，2009年)
ジョン・コルヴィル(都築忠七・見市雅俊・光永雅明訳)『ダウニング街日記――チャーチル首相のかたわらで』(上下巻，平凡社，1990-91年)

Kenneth Rose, *King George V* (Phoenix Press, 2000).
William Shawcross, *Queen Elizabeth, The Queen Mother: The Official Biography* (Macmillan, 2009).
Antony Taylor, *'Down with the Crown': British Anti-monarchism and Debates about Royalty since 1790* (Reaktion Books, 1999).
Margaret Thatcher, *The Downing Street Years* (HarperCollins, 1993).
D.R.Thorpe, *Eden: The Life and Times of Anthony Eden First Earl of Avon, 1897-1977* (Chatto & Windus, 2003).
Hugo Vickers, *Elizabeth, The Queen Mother* (Hutchinson, 2005).
The Duke of Windsor, *A King's Story: The Memoirs of The Duke of Windsor* (Prion Books, 1998).
Philip Ziegler, *King Edward VIII* (Sutton Publishing, 2001).
Philip Ziegler, *Mountbatten: The Official Biography* (Phoenix Press, 2001).
Philip Ziegler, *Edward Heath: The Authorized Biography* (HarperPress, 2011).

†その他の日本語文献

梅川正美・阪野智一・力久昌幸編『現代イギリス政治［第２版］』（成文堂，2014年）
梅川正美・阪野智一・力久昌幸編『イギリス現代政治史［第２版］』（ミネルヴァ書房，2016年）
小川健一『冷戦変容期イギリスの核政策——大西洋核戦力構想におけるウィルソン政権の相克』（吉田書店，2017年）
小川浩之『イギリス帝国からヨーロッパ統合へ——戦後イギリス対外政策の転換とEEC加盟申請』（名古屋大学出版会，2008年）
小川浩之『英連邦——王冠への忠誠と自由な連合』（中公叢書，2012年）
木畑洋一『支配の代償——英帝国の崩壊と「帝国意識」』（東京大学出版会，1987年）
木畑洋一『チャーチル——イギリス帝国と歩んだ男』（山川出版社，2016年）
君塚直隆『イギリス二大政党制への道——後継首相の決定と「長老政治家」』（有斐閣，1998年）
君塚直隆『女王陛下の影法師』（筑摩書房，2007年）
君塚直隆『ヴィクトリア女王——大英帝国の“戦う女王”』（中公新書，2007年）
君塚直隆『ジョージ五世——大衆民主政治時代の君主』（日経プレミアシリーズ，2011年）
君塚直隆『チャールズ皇太子の地球環境戦略』（勁草書房，2013年）

Jonathan Dimbleby, *The Prince of Wales: A Biography* (William, Morrow & Co., 1994).
Martin Gilbert, *Never Despair: Winston S. Churchill 1945-1965* (Heinemann, 1988).
Tim Heald, *The Duke: A Portrait of Prince Philip* (Hodder & Stoughton, 1991).
Tim Heald, *Princess Margaret: A Life Unravelled* (Phoenix Press, 2008).
Alistair Horne, *Macmillan 1957-1986* (Macmillan, 1989).
Robert Rhodes James, *A Spirit Undaunted: The Political Role of George VI* (Abacus, 1999).
Richard Johnstone-Bryden, *The Royal Yacht Britannia: The Official History* (Conway Maritime Press, 2003).
Timothy Knatchbull, *From a Clear Blue Sky: Surviving the Mountbatten Bomb* (Arrow Books, 2010).
Sir Alan Lascelles (Duff Hart-Davis, ed.), *King's Counsellor: Abdication and War* (Weidenfeld & Nicolson, 2006).
Harold Macmillan, *Riding the Storm 1956-1959* (Macmillan, 1971).
Harold Macmillan, *Pointing the Way 1959-1961* (Macmillan, 1973).
John Major, *The Autobiography* (HarperCollins, 1999).
Charles Moore, *Margaret Thatcher, The Authorized Biography Volume One: Not For Turning* (Penguin Books, 2014).
Charles Moore, *Margaret Thatcher, The Authorized Biography Volume Two: Everything She Wants* (Penguin Books, 2016).
Charles Moore, *Margaret Thatcher, The Authorized Biography Volume Three: Herself Alone* (Allen Lane, 2019).
Philip Murphy, *Monarchy and the End of Empire* (Oxford University Press, 2013).
Harold Nicolson, *King George the Fifth: His Life and Reign* (Constable, 1952).
Lynn Picknett, Clive Prince & Stephen Prior, *War of the Windsors: A Century of Unconstitutional Monarchy* (Mainstream Publishing, 2002).
Ben Pimlott, *Harold Wilson* (William Collins, 2016).
James Pope-Hennessy, *Queen Mary* (Phoenix Press, 2003).
James Pope-Hennessy (Hugo Vickers, ed.), *The Quest for Queen Mary* (Hodder & Stoughton, 2018).
Frank Prochaska, *Royal Bounty: The Making of a Welfare Monarchy* (Yale University Press, 1995).
Andrew Roberts, *Eminent Churchillians* (Weidenfeld & Nicolson, 1994).
Andrew Roberts, *The House of Windsor* (Weidenfeld & Nicolson, 2000).

Sally Goodsir, *Royal Gifts* (Royal Collection Trust, 2017).
Caroline De Guitaut, *The Royal Tour* (Royal Collection Enterprises, 2009).
Robert Hardman, *Monarchy: The Royal Family at Work* (Ebury, 2007).
Robert Hardman, *Our Queen* (Hutchinson, 2011).
Robert Hardman, *Queen of the World* (Pegasus Books, 2019).
Brian Hoey, *At Home with the Queen* (HarperCollins, 2002).
Brian Hoey, *Life with the Queen* (The History Press, 2006).
Douglas Hurd, *Elizabeth II: The Steadfast* (Allen Lane, 2015).
Anthony Jay, *Elizabeth R.* (BBC Books, 1992).
Thomas Kielinger, *Elizabeth II* (Verlag C.H.Beck, 2011).
Robert Lacey, *Royal: Her Majesty Queen Elizabeth II* (Time Warner, 2002).
Sir Trevor McDonald & Peter Tiffin, *The Queen and the Commonwealth* (Methuen, 1986).
Dean Palmer, *The Queen and Mrs Thatcher: An Inconvenient Relationship* (The History Press, 2015).
Ben Pimlott, *The Queen* (HarperCollins, 1996).
Ingrid Seward, *The Queen's Speech* (Simon & Schuster, 2015).
William Shawcross, *Queen and Country* (BBC Books, 2002).
Graham Turner, *Elizabeth: The Woman and the Queen* (Macmillan, 2002).

†エリザベス女王に関わる日本語文献

君塚直隆『女王陛下の外交戦略――エリザベス二世と「三つのサークル」』（講談社，2008年）
黒岩徹『危機の女王　エリザベスII世』（新潮選書，2013年）
小林章夫『女王、エリザベスの治世　先進国の王政記』（角川 one テーマ21，2014年）
渡邉みどり『大英帝国 CEO エリザベス女王の原点』（ハースト婦人画報社，2013年）

†その他の英語文献

Tony Blair, *A Journey* (Arrow Books, 2011).
Sarah Bradford, *George VI* (Penguin Books, 2002).
Ian Bradley, *God save the Queen: The Spiritual Heart of the Monarchy* (Continuum, 2012).
James Callaghan, *Time and Chance* (HarperCollins, 1987).
David Cameron, *For the Record* (William Collins, 2019).
David Cannadine, *George V: The Unexpected King* (Allen Lane, 2014).

主要参考文献

＊文献は日本で比較的入手しやすいものに限った

†一次史料

［王室文書館（The Royal Archives, Windsor）］

George V Papers（ジョージ5世関連文書：メアリ王妃関連文書も含む）

George VI Papers（ジョージ6世関連文書）

［イギリス公文書館（The National Archives, London）］

Cabinet Papers（内閣関連文書）

Foreign and Commonwealth Office Papers（外務およびコモンウェルス省文書）

［サウサンプトン大学図書館（Hartley Library, Southampton）］

Mountbatten Papers（マウントバッテン伯爵関連文書）

［チャーチル文書館（The Churchill Archives Centre, Cambridge）］

Churchill Papers（サー・ウィンストン・チャーチル関連文書）

Lascelles Papers（サー・アラン・ラッスルズ関連文書）

［外務省外交史料館（東京）］

「エリザベス英国女王・エディンバラ公フィリップ殿下訪日（国賓）」2015-0335～0340

「アレクサンドラ・英国内親王訪日（第1～4巻）」（欧州諸国君主及び王族本邦訪問関係雑件）

「マーガレット英国内親王殿下及びスノードン卿関係」（欧州諸国君主及び王族本邦訪問関係雑件）

†エリザベス女王に関わる英語文献

Sally Bedell Smith, *Elizabeth The Queen : The Woman Behind the Throne* (Penguin, 2012).

Sarah Bradford, *Elizabeth: A Biography of Her Majesty the Queen* (William Heinemann, 1996).

Gyles Brandreth, *Philip and Elizabeth: Portrait of Marriage* (Century, 2004).

Marion Crawford, *The Little Princesses* (Harcourt, Brace & Co., 1950).

Marion Crawford, *Elizabeth The Queen: The Story of Britain's New Sovereign* (Prentice-Hall Inc., 1952).

Carolly Erickson, *Lilibet: An Intimate Portrait of Queen Elizabeth II* (St. Martin's Griffin, 2004).

2015年	5月2日 曽孫シャーロット王女誕生
	9月9日 イギリス君主史上の最長在位記録を更新
2016年	4月 90歳の誕生日を迎える
	6月 国民投票により「ブレグジット（EU からの離脱）」が決定
2017年	5月 エディンバラ公が単独公務からの引退を表明
2018年	4月23日 曽孫ルイ王子誕生
	5月 ヘンリ王子とメーガン・マークル結婚
2019年	5月6日 曽孫アーチー王子誕生

主要図版出典一覧

Majesty, vol.23, no.5, p.11. p.10
Majesty, vol.31, no.4, p.37. p.13
Majesty, vol.38, no.2, p.36. p.21
Majesty, vol.31, no.4, p.40. p.29
Daily Mirror, *Elizabeth*, p.17. p.36
Majesty, vol.36, no.1, p.14. p.37
Majesty, vol.28, no.4, p.42. p.40
Majesty, vol.28, no.11, p.10. p.44
Queen Elizabeth, p.25. p.50
Queen Elizabeth, p.36. p.63
Majesty, vol.30, no.7, p.38. p.99
Majesty, vol.37, no.4 p43. p.106
『皇室』第47号，35頁. p.125
Royal Life, Issue 22, p.63. p.128
Queen Elizabeth, p.13. p.141
Hello!, no.1273, p.52. p.151
The Pitkin Guide, *Queen Elizabeth II*, p.28. p.161
Majesty, vol.38, no.10, p.19. p.171
Royal Life, Issue 22, p.69. p.179
Majesty, vol.34, no.4, p.25. p.184
Newsweek, *The Queen*, p.64. p.203
Hello!, no.1199, p.61. p.216
Majesty, vol.28, no.4, p.27. p.220
Majesty, vol.32, no.6, p.10. p.231
Majesty, vol.33, no.8, p.38. p.235
Majesty, vol.33, no.9, p.33. p.242
Majesty, vol.36, no.10, p.10. p.248
Majesty, vol.32, no.6, p.49. p.252
Majesty, vol.39, no.9, p.34. p.257
Ibid., p.15. p.260
Ibid., p.24. p.264
Majesty, vol.39, no.7, p.44. p.269

https://www.express.co.uk/pictures/royal/3104/Queen-Elizabeth-II-longest-reigning-British-monarch-1953-2015-pictures 2019年10月30日閲覧 p.244
aflo p.ii, p.225, p.228, p238

1968年	スエズ以東から71年末までに英軍撤退を表明
1971年	1月 CHOGMがシンガポールで開催
	10月 昭和天皇・皇后がイギリス訪問
1973年	1月 イギリスがヨーロッパ共同体（EC）加盟
	10月 第1次石油危機
1975年	5月 エリザベス女王夫妻が日本公式訪問
1977年	6月 シルヴァー・ジュビリー（在位25周年記念式典）
1979年	5月 サッチャー保守党政権成立（～90年11月）
	8月 ルサカ宣言
1981年	7月 皇太子チャールズとレディ・ダイアナ・スペンサ結婚
1982年	4～6月 フォークランド戦争
	6月21日 王孫ウィリアム王子誕生
1984年	9月15日 王孫ヘンリ王子誕生
1989年	12月 マルタ会談（米ブッシュ大統領とソ連のゴルバチョフ議長），冷戦終結
1990年	2月 南アフリカ，マンデラ釈放，アパルトヘイト廃止へ(93年)
1992年	「ひどい年」(子どもたちの離婚・別居，ウィンザー城火災)
1997年	5月 ブレア労働党政権成立（～2007年6月）
	7月1日 香港返還
	8月31日 ダイアナ事件
2002年	2月 マーガレット王女死去
	3月 エリザベス皇太后死去
	6月 ゴールデン・ジュビリー（在位50周年記念式典）
2003年	3月 イラク戦争開戦
	11月 G・W・ブッシュ大統領をロンドンで歓待
2007年	11月 エリザベス女王夫妻のダイヤモンド・ウェディング(結婚60周年記念)
2011年	4月 ウィリアム王子とキャサリン・ミドルトン結婚
	5月 アイルランド訪問
2012年	6月 ダイヤモンド・ジュビリー（在位60周年記念式典）
	7～8月 ロンドン五輪開催
2013年	7月22日 曽孫ジョージ王子誕生

エリザベス女王 関連年譜

1926年	4月21日 国王の次男ヨーク公とエリザベス公妃の長女としてリリベット（のちのエリザベス女王）誕生
1930年	8月21日 ヨーク公夫妻に次女マーガレット誕生
1936年	1月 ジョージ5世崩御、エドワード8世即位
	12月「王冠を賭けた恋」でエドワード8世が退位しジョージ6世即位．リリベットは王位継承者第1位に
1939年	9月 第2次世界大戦勃発（～45年8月）
1945年	2月「エリザベス・アレキサンドラ・メアリ・ウィンザー」（登録番号230873）として婦人部隊入隊
1947年	4月 南アフリカ訪問
	8月 インド帝国消滅
	11月 ギリシャ王室出身のフィリップ王子と結婚
1948年	11月14日 長男チャールズ・フィリップ・アーサー・ジョージ王子誕生
1950年	8月15日 長女アン・エリザベス・アリス・ルイーズ王女誕生
1952年	2月6日 ジョージ6世崩御，エリザベス女王即位（王女はケニアで悲報聞く）
1953年	6月2日 戴冠式
1956年	10～11月 スエズ危機
1957年	10月 エリザベス女王夫妻がアメリカ公式訪問
1958年	5月 グロンキ伊大統領訪英
	10月 ホイス西独大統領訪英
1960年	2月19日 次男アンドリュー・アルバート・クリスチャン・エドワード王子誕生
1964年	3月10日 三男エドワード・アンソニー・リチャード・ルイス王子誕生
1965年	5月 エリザベス女王夫妻が西ドイツ公式訪問
1967年	ウィルソン政権ポンド切り下げ（「英国病」の時代へ）

君塚直隆（きみづか・なおたか）

1967年（昭和42）東京都生まれ．立教大学文学部史学科卒業．英国オックスフォード大学セント・アントニーズ・コレッジ留学．上智大学大学院文学研究科史学専攻博士後期課程修了．博士（史学）．東京大学客員助教授，神奈川県立外語短期大学教授などを経て，現在，関東学院大学国際文化学部教授．専攻はイギリス政治外交史，ヨーロッパ国際政治史．

著書『イギリス二大政党制への道』（有斐閣，1998年）
『パクス・ブリタニカのイギリス外交』（有斐閣，2006年）
『ヴィクトリア女王』（中公新書，2007年）
『近代ヨーロッパ国際政治史』（有斐閣，2010年）
『ジョージ五世』（日本経済新聞出版社，2011年）
『チャールズ皇太子の地球環境戦略』（勁草書房，2013年）
『女王陛下のブルーリボン——英国勲章外交史』（中公文庫，2014年）
『物語 イギリスの歴史』上下（中公新書，2015年）
『立憲君主制の現在』（新潮選書，2018年　第40回サントリー学芸賞受賞）
『ヨーロッパ近代史』（ちくま新書，2019年）
他多数

エリザベス女王《じょおう》
中公新書 *2578*

2020年２月25日初版
2022年９月30日４版

著　者　君 塚 直 隆
発行者　安 部 順 一

本文印刷　三晃印刷
カバー印刷　大熊整美堂
製　　本　小泉製本

発行所　中央公論新社
〒100-8152
東京都千代田区大手町 1-7-1
電話　販売 03-5299-1730
　　　編集 03-5299-1830
URL https://www.chuko.co.jp/

Published by CHUOKORON-SHINSHA, INC.
Printed in Japan　ISBN978-4-12-102578-4 C1222

中公新書刊行のことば

一九六二年一一月

いまからちょうど五世紀まえ、グーテンベルクが近代印刷術を発明したとき、書物の大量生産は潜在的可能性を獲得し、いまからちょうど一世紀まえ、世界のおもな文明国で義務教育制度が採用されたとき、書物の大量需要の潜在性が形成された。この二つの潜在性がはげしく現実化したのが現代である。

いまや、書物によって視野を拡大し、変りゆく世界に豊かに対応しようとする強い要求を私たちは抑えることができない。この要求にこたえる義務を、今日の書物は背負っている。だが、その義務は、たんに専門的知識の通俗化をはかることによって果たされるものでもなく、通俗的好奇心にうったえて、いたずらに発行部数の巨大さを誇ることによって果たされるものでもない。現代を真摯に生きようとする読者に、真に知るに価いする知識だけを選びだして提供すること、これが中公新書の最大の目標である。

私たちは、知識として錯覚しているものによってしばしば動かされ、裏切られる。私たちは、作為によってあたえられた知識のうえに生きることがあまりに多く、ゆるぎない事実を通して思索することがあまりにすくない。中公新書が、その一貫した特色として自らに課すものは、この事実のみの持つ無条件の説得力を発揮させることである。現代にあらたな意味を投げかけるべく待機している過去の歴史的事実もまた、中公新書によって数多く発掘されるであろう。

中公新書は、現代を自らの眼で見つめようとする、逞しい知的な読者の活力となることを欲している。